読みたい絵本

著：momo編集部

はじめに

この本は、専門家が絵本について語る解説本ではなく、もっとお気軽な絵本ガイドです。

絵本の魅力は、絵の素晴らしさ、物語の奥深さ、親子のコミュニケーションなど
色々ありますが、子どもの優れた能力を、親に気づかせてくれることもあります。

広大な野原の中で、隠れた小さな虫や草花を見つけ、
自ら遊びを生み出して遊ぶのと同じように、
子どもは、大人が気付かないものをたくさん見つけ出します。

子どもはみんな、素晴らしい見つけ屋さん。
ある人が「子どもは、私の先生です」と言っていましたが、
まさに絵本は、それを感じやすいツールです。
大人が文字を読んであげると、子どもは耳で物語を聞きながら、
絵を読み、大人にさまざまなことを教えてくれます。

「うちの子、スゴいかも！」なんて思えたら、それだけで親も子も
幸せな気持ちです。時には「え？　そんなのが好きなの？」なんて、

親も知らなかった一面に気付かせてくれます。
または大人が「残酷」なんてマイナスな面に目を向けている物語でも、
子どもは「でも助かって良かったね」と、
いい面を見ていることに気付かされます。

絵本をゆっくり声に出して読むことで、ヨガのように、心が落ち着き、
大人の本を読むだけでは得られなかった新鮮な感性が得られ、
子どもも読書習慣がついて、子が親を独占したい気持ちも満たせる。
親子双方にとって、こんなにいいツールが他になかなかありません。
だから、どんな絵本でも、家に一冊も絵本がないよりはずっとマシ。
今、絵本に興味がなくても、家に本棚があれば大丈夫。

この本はファミリーマガジン「ｍｏｍｏ」で絵本特集した際に出会った
ステキな子どもの本屋さんと、絵本作家さんなどの記録です。
残念ながら惜しまれつつもなくなってしまった店も多々ありましたが、
すでに完売してしまったｍｏｍｏの内容を一部、再編成して作り直しました。

一軒でも多くの絵本屋さんに足を運んでいただき、
一冊でも多くの絵本と出会えるきっかけになれば幸いです。

ｍｏｍｏ編集長　山下有子

今読みたい絵本

絵本作家の仕事場拝見

絵本美術館

家庭文庫・図書館を巡る

目 次

絵本屋さんを巡る

世界でいちばん高い山 世界でいちばん深い海
人形劇であそびましょう!
わたしのおふね マギーB
アイリーン・ハース さく え　うちだ りさこ やく
あさになったので まどをあけますよ
ちいさな ちいさな
オセアノ号、海へ!
みほん
ルージュベック だいぼうけん
Jan Pienkowski
おばけやしき
(新装版)
大型しかけえほん
魔女図鑑
魔女になるための11のレッスン

読みたい絵本と出会える

絵本屋さんを巡る

絵本屋さんは親子が絵本と出会える場所。
膨大な数の中からネットで探すよりも、ある意味広く出会える。
中身を見ながら子どもと一緒に選べるのもいいところ。
頼れる全国のステキなお店を54軒紹介します。

広い入口に、読み聞かせスペース、余裕のある通路など、細やかな気配りが行き届いた店内。ベビーカーを押しながら、ゆったりと本を見てまわることもできる

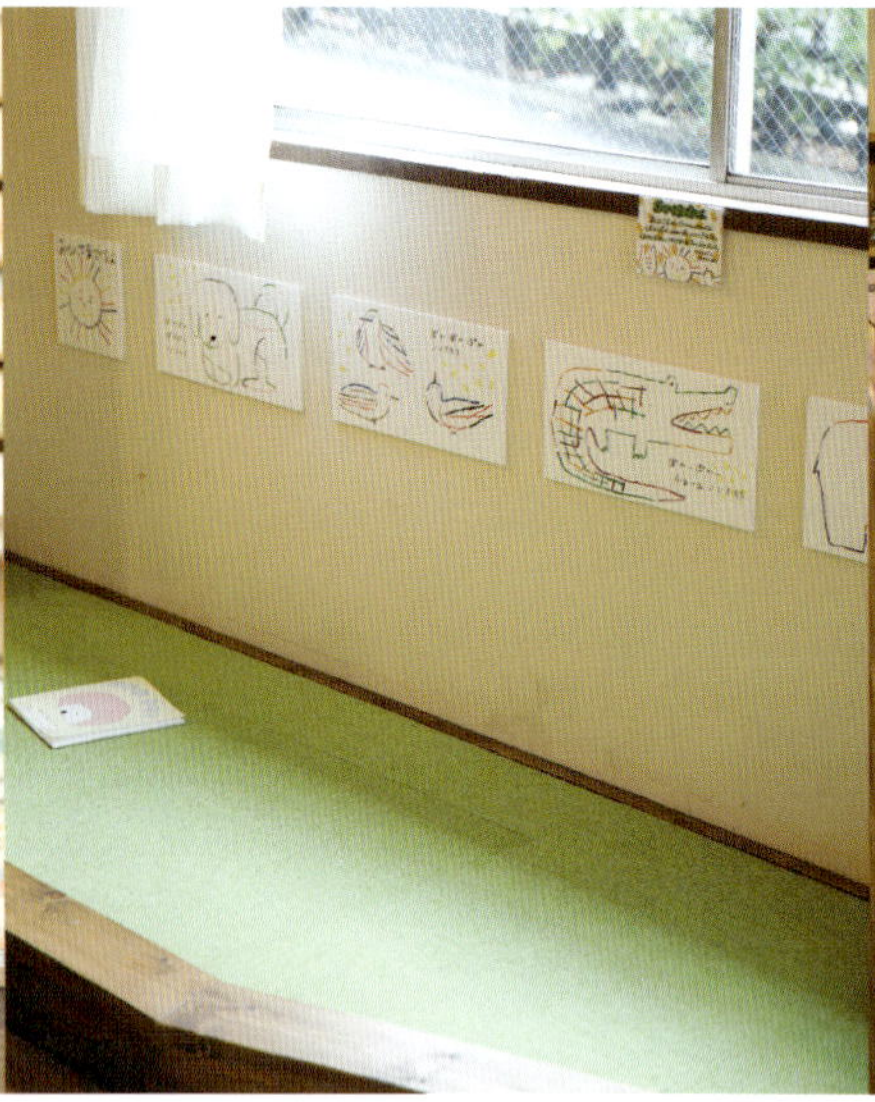

01

こどもの本屋 てんしん書房

TOKYO

東京都文京区小石川5-20-7 1F　03-5615-9586
10:00〜暗くなるまで　休 月曜+不定休
HP http://tenshin-shobo.com
毎日の営業報告などはツイッター(@kodomo_honya)へ

子どもらしく、〝天真爛漫〟に育ってほしい

子どもには天真爛漫に育ってほしいという願いで文京区小石川にできた、子どもの本屋。神戸の老舗児童図書専門店「ひつじ書房」さんの流れを受け継ぎ、製本の町小石川で開業。赤ちゃん絵本から中高学年向け読み物まで、良書を取り揃える。

「子どもに何かをつけたしたりするような本ではなく、〝子どもが子どもであること〟を加速させるような本を置きたい、と思っているんです。選書の基準は、僕がおもしろいと思うかどうか。たとえ売れていない本でも、自分がいいと思えば店に置くし、逆にいくら人気のある本でも、気に入らなければ置きません」。

ここ数年でいい! と思った絵本

カランポーのオオカミ王

作:ウィリアム・グリル　訳:千葉茂樹
(岩波書店)

一頭のオオカミが男の生涯を変えた。野生動物の心に触れた日。ボローニャ・ラガッツィ最優秀賞受賞作。

一番好きな絵本

はなす 五感のえほん3

文:竹内敏晴、長谷川集平
絵:長谷川集平(復刊ドットコム)

言葉を使うのは、とてもむずかしい。子どもたちが日常の中で直面すること、感じてほしいことを表現した絵本。

地味だけど実はすごくおすすめ

ウルスリのすず

作:ゼリーナ・ヘンツ　絵:アイロス・カリジェ
訳:大塚勇三(岩波書店)

明日は楽しい鈴まつり。アルプスに住むウルスリは今年こそ村一番の大きな鈴を手に入れたいと大はりきり。

孫に贈りたいロングセラー

こんとあき

作:林明子
(福音館書店)

こんは、あきのおばあちゃんが作ったぬいぐるみ。互いがかけがえのない存在であるこんとあきの冒険の物語。

右_高い天井とユニークな作りの店内。店の規模の割に扱う冊数は多い。　左_お客さんがいない間は児童文学を読みあさる。店の名前は『トムは真夜中の庭で』から

02

BookGallery トムの庭

AICHI

愛知県名古屋市千種区東山通4-8 kokoti cafe 2F
☎ 052-734-8268　🕐 11:00～19:00
休 水曜(不定休)・木曜　P なし
HP http://tomnoniwa.petit.cc

新刊も古書も置く、本当の絵本好きに響く店

新書だけでなく、古書も扱うセレクト書店。「その方が自分の好きなものが置けるから」と店主の月岡さん。「好きなのは、そこに描かれてない世界が行間から染み出てくるような、余白や奥行きのある絵本。読む前の自分と、読んだ後の自分が少し変わったような気がする本です」。棚を眺めれば、安っぽいセンチメンタルを嫌い、ユーモアの中に漂う切なさと幸せを愛し「良質なものに大人も子どももない」と言っているのが分かる。しつけのための絵本や知育絵本はない。その代わり、絵本好きには心底たまらない店だろう。

ここ数年でいい！と思った絵本

ぼくはここで、大きくなった

作:アンヌ・クロザ
訳:こだましおり(西村書店)

フランスの「科学の本」賞受賞作。小さな種におとずれる試練を洗練された絵で描く。

一番好きな絵本

また もりへ

文・絵:マリー・ホール・エッツ
訳:まさきるりこ（福音館書店）

『もりのなか』の続編。ここから読んでも大丈夫。物語が違い、少しドキリとするセリフも。

地味だけど実はすごくおすすめ

にぐるまひいて

文:ドナルド・ホール　絵:バーバラ・クーニー
訳:もきかずこ(ほるぷ出版)

繰り返しの日々、どんな仕事にも共通する人の暮らしがそのまま絵本になっている。

孫に贈りたいロングセラー

わたしと あそんで

文・絵:マリー・ホール・エッツ
訳:よだじゅんいち(福音館書店)

上の娘はこれ。動物たちに「あそびましょ」と言っても、誰も遊んでくれないけれど…。

ふたりはともだち

作:アーノルド・ローベル　訳:三木卓（文化出版局）

下の子はこれ。友情とユーモアがいっぱい詰まった物語。小さな頃からの愛読書。

右_出版社や対象年齢別などでジャンル分けされ、常に整理整頓が行き届いている　左_2018年12月にはカフェもオープン! 営業時間は10:00〜17:00

親子の関係を築き、豊かな心を育てる絵本への道標

僧侶でもある店主の蓮岡氏は、絵本を通して、家族や学校での心のつながりを作ってもらう意思で、店を続けているという。店内に置かれている絵本は、一定の基準を経て選んだ絵本ばかり。コンセプトは「20年本棚に置かれる絵本」「子どもに媚びない絵本」「美しい絵本」。店内には親子で読み語りができるテーブルとイスが置いてある。奥のトンネルを抜けると上階は子育て広場があり、保育士さんが常駐してお母さんと一緒に遊んでくれる。店から少し離れた観光地大徳寺の前にも広場を運営していて、一階では、親子が安心して過ごせるキッズカフェ「KINDER CAFE」良質な絵本を読みながら飲食ができる。絵本の販売も行っている。

03

きんだあらんど

KYOTO

京都府京都市左京区頭町351きんだあビルディング2階
075-752-9275　10:00〜17:00
休 水曜、祝日(不定休)、年末年始　P なし
HP http://kinderland-jp.com/

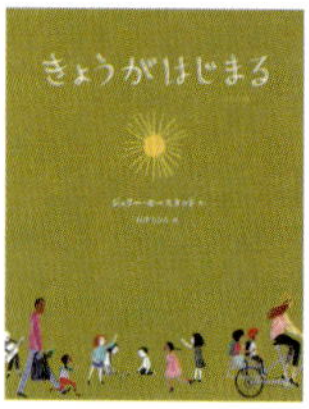

ここ数年でいい! と思った絵本

きょうがはじまる

作:ジュリー・モースタッド
訳:石津ちひろ(BL出版)

今日という日は、自由で無限の可能性に満ちている――そんなワクワク感が全体から伝わってくる。

絵本に目覚めた1冊

せかいいちうつくしいぼくの村

作・絵:小林豊(ポプラ社)

アフガニスタンの首都カブールで戦争孤児が熱心に見ていた本。「日本人が描いたんでしょ」の一言が、今につながる。

あまり知られていない押しの1冊

こねこのハリー

作:メアリー・チャルマーズ
訳:おびかゆうこ(福音館書店)

大人の中に息づく子どもの心が、素直に愛らしく描かれている。100年後まで残ると思う1冊。

孫に贈りたいロングセラー

しあわせなふくろう

文:ホイテーマ　絵:チェレスチーノ・ピヤッチ
訳:おおつかゆうぞう(福音館書店)

「幸福」という言葉の意味があいまいになりつつある今の時代に、素朴で身の丈に生きる視点を気づかせてくれる。

右_常連の子どもに絵本を読んであげる前園さん。まるでおばあちゃんと孫の関係のよう　左_コーナーは絵本、童話、親向けなどに分かれ、常連客からほしいものを尋ねられることが多いため出版社別に並ぶ。そのせいか見つけ出すのが早い

04

エルマー

FUKUOKA

福岡県春日市春日原東町3-16
092-582-8639　10:00～19:00
休 第2火曜　P なし
HP facebook.com/ehonelmer

地域に密着し、愛される子どもの本専門店

福岡郊外の住宅地に建つ創業1989年の小さな絵本専門店。「私自身が子育ての時に絵本に救われたという思いがあって。本を読むと気持ちが豊かになるでしょう」と代表の前園敦子さん。常連の子どもたちはすーっと前園さんに近づいて、そこで急に絵本を読み始めたり。ある人は店に入ってくるなり「こういう本ない？」と雰囲気で言う。「ああ、それなら」と前園さんは即座に応えて1冊手渡す。ここへ来る人はそんなふうに話しかける。探し物が見つからないかもという不安もない。前園さんがピッタリなものを選んでくれる、という確信に満ちている。専門店の良さがここにある。

ここ数年でいい！と思った絵本

へいわって どんなこと？

作:浜田桂子
（童心社）

日本の絵本作家が中国と韓国に呼びかけ実現した、平和を訴える絵本シリーズの第一作。

一番好きな絵本

いつかはきっと…

文:シャーロット・ゾロトフ　訳:矢川澄子
絵:アーノルド・ローベル（ほるぷ出版）

些細なことも小さな子にとっては夢のよう。主人公の気持ちを親子で共感できる絵本。

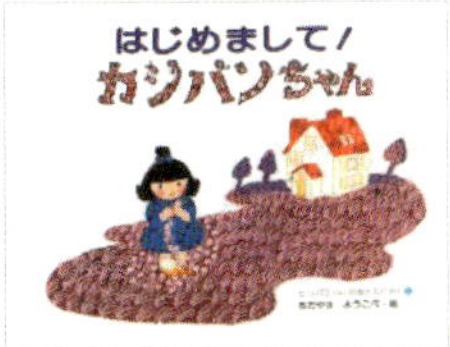

地味だけど実はすごくおすすめ

はじめまして! カジパンちゃん

作・絵:きたやまようこ
（偕成社）

ピッポちゃんのおとなりに引っ越してきた羊のカジパンちゃん一家。絵も話も子ども心を掴む一冊。

我が子がハマった絵本

おしいれのぼうけん

作:ふるたたるひ、たばたせいいち
（童心社）

毎晩読まされたのがこれ。もう1人はマリー・ホール・エッツ『わたしとあそんで』を何度も。

右_絵本屋の規模としてはかなり大きく、ジャンルも広め。地域の生活に密着した、親子の立ち寄り場所だ　左_全国でも5本の指に入る老舗。店主の増田さんは多くの作家や絵本屋さんに影響を与えた

05

メリーゴーランド

MIE

三重県四日市市松本3-9-6　059-351-8226
10:00〜19:00　休 火曜　P 10台
HP http://www.merry-go-round.co.jp/

絵本を愛する人が愛する、ひげのおっさんの店

田んぼの真ん中に本屋を開いて40年以上。子どもたちに「ひげのおっさん」と親しまれ、荒井良二さんとバンドも組む店主の増田さん。気に入った本の上には「立ち読みして下さい」の札。「子どもにいいものを与える」という上から目線というより、子どもの力を心底信じているから任せる。どうしてもみんなに読んでほしいと思う本は、まるでクラスメイトが「面白いから読んでみろよ」と言わんばかりの雰囲気。そこに教育染みた感性はない。地元の園児が店に来て好きな絵本を1冊ずつ選んで園の文庫に入れる「絵本遠足」の取り組みも。大人な雰囲気の喫茶店は、ちゃんと子どもも利用できる。こんな場所があるなんて、心底、三重県民が羨ましい。

ここ数年でいい! と思った絵本

ヒワとゾウガメ

作:安東みきえ
絵:ミロコマチコ　（佼成出版社）

ぼくが100年、忘れずにいるよ。大切な人はいつだって、一番近くにいる。

一番好きな絵本

よあけ

作・画:ユリー・シュルヴィッツ
訳:瀬田貞二　（福音館書店）

一番好きと言ったら、迷わずに「これ」と挙げる。静かな空気感と絵が心に染みる。

地味だけど実はすごくおすすめ

よーいよーいよい

作:さいとう しのぶ
（ひさかたチャイルド）

おじいちゃんと歩くと知ってる道でも何だか違う。『あっちゃんあがつく』さいとうしのぶデビュー作。

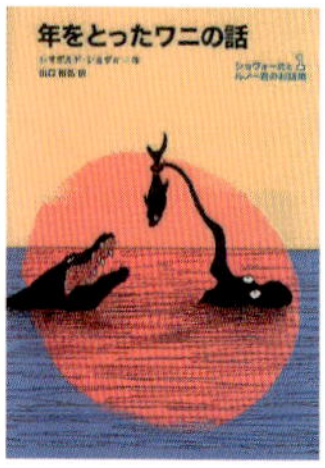

我が子がハマった絵本

年をとったワニの話

作:レオポルド・ショヴォー
訳:出口裕弘　（福音館書店）

増田さんの娘さんが好きだった読み物。年をとったワニは故郷を捨ててナイルをくだり、海に出て…。

右_子どもの視線に合わせて書架が低く設計された店内は、明るく広々としてベビーカーの乗り入れもOK。赤ちゃんから高校生までの児童書が約1万5000冊揃う店の奥には、「子どもの本のこの一年」と題して一年間分の新刊を集めたコーナーがあるのも特徴だ　左_ギャラリーのナルニアホールでは、絵本作家の原画展など自主企画した展示会を定期的に開催

06

子どもの本のみせ ナルニア国

TOKYO

東京都中央区銀座4-5-1　03-3563-0730
10:00〜20:00　休無休　P なし
HP http://www.kyobunkwan.co.jp/narnia/

子どもの心に緑の種をまく、銀座の老舗書店

1885年創業の老舗書店・教文館にある「ナルニア国」は、「子どもの心に緑の種をまく場所をつくりたい」という願いから生まれた児童書専門フロア。「50年前と今では表面的な部分は変わってきましたが、子どもの心にとって大事なモノは、そう変わるものではない。だから、読み継がれてきた本をちゃんと守っていきたいんです」。川辺陽子店長の言葉通り、低めの本棚に並ぶのは、ロングセラーが中心だ。「子どもにとって絵本は、お父さん・お母さんと心を通わせるコミュニケーションの一つだし、物語からいろんなことを体験し吸収できるもの。子どもたちが、生きて行くための力になるような本を手渡していきたいですね」。

ここ数年でいい! と思った絵本

**ライオンと魔女
ーナルニア国ものがたり〈1〉**

作:C.S.ルイス　訳:瀬田貞二
(岩波書店)

ナルニア国ものがたりシリーズ第1作。地方の古い屋敷にやってきた4人兄弟。ある日、大きなタンスに入ると…。

一番好きな絵本

ちいさい おうち

作・絵:バージニア・リー・バートン
訳:石井桃子　(岩波書店)

何か劇的なことが起こるわけではないけれど、誰の心にも深く残る。子ども時代に必ず出合ってほしい一冊。

地味だけど実はすごくおすすめ

ロバのシルベスターとまほうの小石

作:ウィリアム・スタイグ
訳:せたていじ　(評論社)

家族のスタイルが多様化している中、誰か見守ってくれている人がいると、根っこの部分で子どもに安心感を与えてくれる。

孫に贈りたいロングセラー

おやすみなさいのほん

作:マーガレット・ワイズ・ブラウン
絵:ジャン・シャロー　訳:石井桃子
(福音館書店)

寝る前に読み聞かせていると、母親自身の心もとても穏やかになる。子どもと向き合う時間が、かけがえのないものだと感じられる一冊。

地震で店内に本が散乱していたが、今ではすっかり片付けられた店内に。店の奥には座敷もあるそう。庭には草花が生い茂る

07

竹とんぼ

KUMAMOTO

熊本県阿蘇郡西原村小森1847-3
☎ 096-279-2728　⏰ 9:30〜18:00
休 年中無休(年末年始は休み)
HP http://taketonbo.net/

雄大な自然に囲まれた児童書専門店

熊本県の郊外に建つ一軒家。このお店のオーナーである小宮楠緒さんは、トルストイ文学の翻訳家・北御門二郎氏の娘であり、児童文学の翻訳家・編集者として活躍中の小宮由さんの母。ご主人とともに若い頃は東京の出版社に勤めていたが、仕事を辞め、1981年に、故郷・熊本で子どもの本屋を始めた。今では長男息子夫婦がこの店を継ぎ、いわば家族揃って本漬けの生活。世の中にはこんなにすばらしい本があるのに、それに出会うことなく大人になっていく子どもたちがいるのはもったいない、と自分の目で選んだ子どもの本を店に置き、熊本の幼稚園や小学校などに本を納めたりしている。「読み終った後、よかった、と思える本が好きです」。

ここ数年でいい！と思った絵本

おかのうえのギリス

作:マンロー・リーフ
絵:ロバート・ローソン
訳:こみや ゆう(岩波書店)

表紙も素晴らしいけれど、お話がまた素晴らしい！心底おすすめの一冊。

地味だけど実はすごくおすすめ

ペニーさん

作・絵:マリー・ホール エッツ
訳:松岡 享子 (徳間書店)

表紙が地味で話が長いから手が伸びない人がいるけれど、読まないのはもったいない！

一番好きな絵本

こねこのピッチ

作:ハンス・フィッシャー
訳:石井桃子(岩波書店)

幼少の頃、母がかまってくれた想い出と何故かシンクロするノスタルジックな一冊。

我が子がハマった絵本

まよなかのだいどころ

作:モーリス・センダック 訳:じんぐうてるお(冨山房)

三びきのやぎのがらがらどん

絵:マーシャ・ブラウン 訳:せたていじ(福音館書店)

いたずらきかんしゃちゅうちゅう

文・絵:バージニア・リー・バートン
訳:むらおかはなこ(福音館書店)

定番中の定番。3人の子どもがみんな大好きだった絵本。

店内はアートな雰囲気に囲まれ、子どもっぽくもなく、大人っぽくもなく、居心地がいい。こんな店があるなんて前橋市民が羨ましい

08

フリッツ・アートセンター

GUNMA

群馬県前橋市敷島町240-28 ☎ 027-235-8989
🕒 11:00〜19:00
休 火曜 HP http://theplace1985.com

好きなモノやコトを集めたおもちゃ箱みたいな場所

群馬県前橋市の敷島公園内の、樹齢百年の杉の木の下に建つ、赤く丸いフレームが印象的な建物。中へ入るとタンタンのショップや、セレクトされた絵本の数々。よくある児童書専門店のような雰囲気もなければ、かと言って書店というのも何だかピンとこない。一言で言えば「アートな絵本屋さん」。とにかく他に見たことのない雰囲気で、魅力的な店だ。

「絵本が好き、というよりは、絵本をとりまく風景が好きなんです。音楽や本には、その頃の記憶が一緒についてまわるじゃないですか。絵本は子どもの頃に読む物だから、家族の記憶と直結しますよね」。前庭には薪釜のオーガニックなパンやさんもできる予定とあって楽しみだ。

ここ数年でいい!と思った絵本

まちのいぬといなかのかえる

文:モー・ウィレムズ　絵:ジョン・J.ミュース
訳:さくま ゆみこ(岩波書店)

美しい水彩画でつづる友情の物語。町からやってきた犬が田舎でカエルに出会い…。

一番好きな絵本

てぶくろ

絵:エウゲーニー・M・ラチョフ
訳:うちだりさこ(福音館書店)

おじいさんが落としていった手袋の中に、なんと森の動物たちがどんどん入って…。

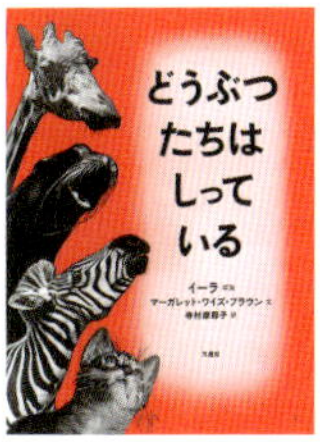

地味だけど実はすごくおすすめ

どうぶつたちはしっている

作:マーガレット・ワイズ・ブラウン
写真:イーラ　訳:寺村摩耶子(文遊社)

動物たちは見た!何を?1944年戦下に生まれた幻の傑作が蘇った楽しい絵本。

孫に贈りたいロングセラー

バスにのって

作:荒井良二
(偕成社)

のんびりした空気が流れる中、トントンバットン、トンバットンのリズムにハマる一冊。

右_頭と心に響く本やおもちゃがずらり。迷ったら相談にのってもらおう
左_恵比寿駅から徒歩7分ほど。温かく知的で洗練された印象のある外観

09

ちえの木の実

TOKYO

東京都渋谷区恵比寿西2-3-14 1・2F
☎03-5428-4611
平日11:00〜19:00　土日祝11:00〜18:00
休 火曜　P なし
http://www.chienokinomi-books.jp/

想像力のその先へ 示唆に満ちたおいしい実

「子どもたちの頭と心の栄養になるものを」とセレクトされた約1万冊は、ロングセラーを中心に、どれも知恵と想像力を養ってくれるものばかり。自身も子育て中というスタッフも多く、「本をきっかけに、知恵を育む、その先にある誰かのために知恵や想像力をつかう幸せを見つける力になれたら」という。読み聞かせとクッキングを一緒に楽しめる「食育おはなし会」ほか「よるほんや」など、ここには子どもも大人も、ともに心を耕すためのヒントがたくさんある。温もり溢れるおもちゃはギフトにも。豊かに実る木の下で充足の時間を過ごしたい。

ここ数年でいい!と思った絵本

**300年まえから伝わる
とびきりおいしいデザート**

文:エミリー・ジェンキンス　絵:ソフィー・ブラッコール
訳:横山和江(あすなろ書房)

4つの時代、4つの場所で紡がれる4つの物語。デザート作りから見える人の暮らしの変遷と変わらない幸福感。

あまり知られていない押しの一冊

ひめねずみとガラスのストーブ

作:安房直子　絵:降矢なな
(小学館)

風の子フーとひめねずみの切なくやさしいファンタジー。大人になるさみしさと儚さが透明感ある絵から伝わる。

絵本に目覚めた一冊

もりのおくのおちゃかいへ

作:みやこしあきこ
(偕成社)

森でまよいこんだ動物たちの素敵なお茶会。静かで温かなモノクロの世界にときおり響く鮮やかな色彩にハッとする。

孫に贈りたいロングセラー

もりのなか

文・絵:マリー・ホール・エッツ
訳:まさきるりこ(福音館書店)

モノクロの静かな絵に色を感じ、森の空気を感じ、動物たちの楽し気な声を感じる。想像力が自由にのびゆく余白がある。

右_売り場全体に人工芝が敷き詰められた5階児童書売場は、子どもたちの歓声が聞こえてきそう　左_枚方市駅前で長く愛された「近鉄百貨店」の跡地。新しいタイプの百貨店にふさわしい斬新な外観は、驚きと期待を持って迎えられた

10

枚方 蔦屋書店

OSAKA

大阪府枚方市岡東町12−2
℡072-844-9000　㉁年中無休
🕒7:00〜23:00(5階フロアは10:00〜20:00)
http://real.tsite.jp/hirakata/

プレイスペースも充実のT-SITEの児童フロア

TSUTAYA創業の地である大阪府・枚方市駅南口に誕生した「枚方T-SITE」は、代官山、湘南に続く3店舗めのT-SITE。子育て世代なら注目したいのは、なんといっても5階の児童書売場だ。無料で遊べる遊具やプレイスペース、キッズ向けアパレルショップやフォトスタジオ、カフェなどの店舗が並び、「子どもと学び」がフロア全体のコンセプト。人工芝が敷き詰められた児童書売場に並ぶのは2万冊もの絵本や児童書、そのなかからお目当ての本を求めて、子どもたちは自由にぐるぐると探検を楽しめる。書棚の高さは150㎝、子どもにとっては本を探しやすく、親にとっては子どもの行動に眼が届きやすい絶妙な高さだ。

ここ数年でいい!と思った絵本

ほら　なにもかもおちてくる

文:ジーン・ジオン
絵:マーガレット・ブロイ・グレアム
訳:まさきるりこ(瑞雲社)

ありふれた日常の中での、自然の営み。そこから感じる本当にすばらしいことを見つめさせてくれる一冊。

一番好きな絵本

おおきなかぶ

再話:A・トルストイ　訳:内田莉莎子
絵:佐藤忠良(福音館書店)

誰もが知っているこの作品。そこに人の世の道理を読み取ることができる、と知った時、絵本の奥深さに感動!

地味だけど実はすごくおすすめ

このよで　いちばんはやいのは

原案:ロバート・フローマン　訳案:天野祐吉
絵:あべ弘士(福音館書店)

「このよで一番はやいものが何なのか」。その答えを知った時の衝撃と感動!大人にもぜひ知ってもらいたい!

孫に贈りたいロングセラー

地球　ーその中をさぐろうー

作:加古里子
(福音館書店)

私達は万物に支えられて生きていること、宇宙のめぐりの中で存在していることに気づかさせられる名作。

11 貝の小鳥

東京都新宿区下落合3-18-10　03-5996-1193
11:00〜18:00　休 火曜　P なし
HP http://kainokotori.com/

物腰柔らかな遠藤久美さんが営むのは、ユーズド絵本と木のおもちゃの店。落ち着いた空間に並ぶのはすべて古本だが、小さい頃から本が好きで、幼児教育の出版社の書店勤務をしていたご主人が選ぶ絵本や児童書は、普遍的な魅力を持つものばかりだ。もちろん、洋書やエッセイ、料理本など大人が楽しめる本もちらほら。表通りの喧騒を離れた心寛ぐ空間で、珠玉の宝物を見つけてみたい。

ここ数年でいい! と思った絵本

ちょっとだけまいご

作:クリス・ホートン
訳:木坂涼(BL出版)

色がきれいで、お洒落。訳もリズミカルなので読み聞かせにもピッタリ。

一番好きな絵本

ゴールディーのお人形

作・絵:M.B.ゴフスティン
訳:末盛千枝子(現代企画室)

「物を作る」ということの思いがすごく伝わってくる一冊。主人公の住む村が「ここでお店を開きたい」と思うほど素敵!

地味だけど実はすごくおすすめ

いつもみていた
ゆめをかなえた女の子 ジューン・グドール

作・絵:ジャネット・ウィンター
訳:まえざわあきえ　(福音館書店)

ジャネット・ウィンターの伝記シリーズは本当に魅力的な人々を取り上げていて、各人物の核が伝わるいい絵本。

孫に贈りたいロングセラー

ちいさいおうち

文・絵:バージニア・リー・バートン
訳:石井桃子(岩波書店)

子ども心に、ハラハラしたり、悲しくなったり、嬉しくなったりしながら何度も読んだ一冊。

12 恵文社一乗寺店

京都府左京区一乗寺払殿町10　075-711-5919
10:00〜21:00　休 元日　P 11台
HP http://www.keibunsha-books.com/

「京都に行ったら必ず立ち寄ろう」。そんなふうに、旅先のプランにこの店を組み込む本好きは多いだろう。店の視点で選んだ本だけを扱うセレクト書店の草分け的存在がここ。アンティークの家具を配した店内は、いわゆる新刊書店とは趣が異なり、本との特別な出合いを期待させる。所々のテーブルでは、それぞれ企画ごとの選書を展開している。

ここ数年でいい! と思った絵本

ちがうねん

作:ジョン・クラッセン
訳:長谷川義史　(クレヨンハウス)

「どこいったん」シリーズ2作目。大阪出身の保田さんも「このゆるい大阪弁がたまりません」。

一番好きな絵本

イノチダモン

作:荒井良二
(フォイル)

「パワーのある絵に圧倒されます」とスタッフの保田大介さん。本の大きさもちょうどいい。

地味だけど実はすごくおすすめ

雪がふっている

作:レミー・シャーリップ
訳:青木恵都　(タムラ堂)

ジョン・ケージの影響が見られる、非常にコンセプチュアルな大人向けの一冊。クリスマスプレゼントにも。

孫に贈りたいロングセラー

がたん ごとん がたん ごとん

作:安西水丸
(福音館書店)

子どもはいませんが、自分が幼少の頃に母親に読んでとせがんでいました。電車が好きだったんでしょうね。

13 クレヨンハウス

東京都港区北青山3-8-15　03-3406-6492　P なし
11:00〜19:00（土日祝は10:30〜19:00。クリスマス営業により変更あり） B1F 野菜市場 10:00〜20:00
B1F レストラン「広場」11:00〜23:00（ラストオーダー21:30）
休 年中無休（年末年始除く） HP http://www.crayonhouse.co.jp/

地下鉄・表参道駅から徒歩5分、月刊「クーヨン」も発行するクレヨンハウスは日本最大級の絵本の品揃えもさることながら、育児や女性の専門書も数多く揃える子育てに特化した専門店。有機野菜や自然食を扱う店と、ブッフェスタイルのオーガニックレストランもある。特に用がなくともここで数時間過ごせる。ここへ来ること自体が、親の息抜きになりそうだ。

ここ数年でいい! と思った絵本

へいわってすてきだね

作:安里有生
絵:長谷川義史　（ブロンズ新社）

与那国島の小学1年生の詩が心に響く。絵もまた素晴らしい。多くの人へ届けたい1冊。

一番好きな絵本

ちびゴリラのちびちび

作:ルース・ボーンスタイン
訳:いわたみみ　（ほるぷ出版）

子どもへの愛情と周りの人への感謝を思い起こし、読むたびにやさしい気持ちになれる1冊。

地味だけど実はすごくおすすめ

木はいいなあ

作:ジャニス・メイ・ユードリイ（偕成社）
絵:マーク・シーモント　訳:さいおんじさちこ

木がある暮らしはどんなにいいかを語りかける。ページを開けば爽やかな風が吹いてくるよう。

孫に贈りたいロングセラー

ねずみくんのチョッキ

作:なかえよしを
絵:上野紀子　（ポプラ社）

お母さんが編んでくれた自慢のチョッキ。動物たちが次々に借りていき、とうとうゾウがきたらチョッキは!?

14 えほんや るすばんばんするかいしゃ

東京都杉並区高円寺南3-44-18-1F&2F　03-5378-2204
14:00〜20:00　休 水曜　P なし
HP http://www.ehonyarusuban.com/

小さな店が立ち並ぶ高円寺の裏小路。ギシギシきしむ急で細い階段を上ると、味のある古絵本が和洋問わず並ぶ。いわゆる「選びぬいたいいものをあの子に」といった使命に燃える店とは異なり、いい意味でもっと気楽。「好きな作品でも新装版の方はあまり好きじゃない時もあるんです。物語や絵だけじゃなく、紙の手触りとか、本になったモノとしての雰囲気が好きなんでしょうね」。

ここ数年でいい! と思った絵本

夜の木

作:シャーム、バーイー、ウルヴェーティ
訳:青木恵都　（タムラ堂）

手漉き紙にシルクスクリーンで一枚ずつ刷られた手製本。刷りによって表紙の色が異なる。

一番好きな絵本

いちにのさん

作:きくちちき
（えほんやるすばんばんするかいしゃ）

同じ内容で装丁・印刷などの仕様が異なる2冊を同時発行した、思い入れのある絵本。

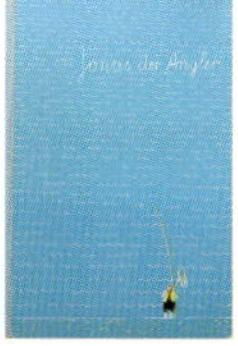

地味だけど実はすごくおすすめ

Jonas der Angler

作:ライナー・チムニク
（輸入版古絵本）

現在は絶版になっているが、話も絵も素晴らしい作品。

孫に贈りたいロングセラー

ころころころ

作:元永 定正
（福音館書店）

店主の荒木さんが幼い頃に好きだった一冊。小さな色玉たちが、ころころ転がる。

15 子どもの本ジオジオ

兵庫県加古川市野口町野口119-9 079-426-6704
13:00〜18:00 休 水・木曜 P なし
HP http://www.fan.hi-ho.ne.jp/ziozio/

住宅地にあるジオジオ。ブッククラブと学校図書室の本を子どもたちが選ぶという選書会が活動の中心。ブッククラブはコース分けせず一人ずつ選本し、手書きの手紙で次回の配本をお知らせする。「赤ちゃんがいつの間にか大学生や社会人に…もう20年以上送り続けている元・子ども（笑）もいます。本を通して成長に関わらせてもらえるなんて、とても幸せな本屋だなあと思います」。

ここ数年でいい！と思った絵本

チェロの木

作：いせひでこ
（偕成社）

自然が語りかける力の大きさ。継承されていく思い。夫が亡くなった後、とても助けられた絵本。絵が素晴らしい。

一番好きな絵本

鳥の島

作：川端 誠
（BL出版）

ジオジオにとって大切な一冊。大きな歴史のうねりも一つの思いから…そんなメッセージを伝えてくれる。

地味だけど実はすごくおすすめ

ぼくはねこのバーニーが大好きだった

作：ジュディス・ボースト 絵：エリック・ブレグバッド
訳：中村妙子（偕成社）

かわいがっている猫の死を悲しむ男の子にお父さんは言った…。小さな子に死の概念を伝える。

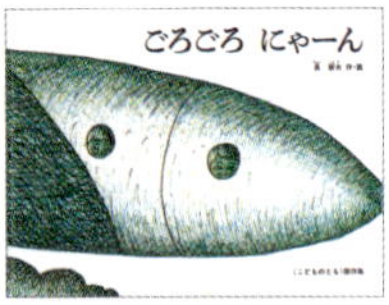

我が子がハマった絵本

ごろごろ にゃーん

作・画：長新太
（福音館書店）

子どもたちに毎日のように読まされ、すっかり頭の中が「ごろごろにゃーん…」に。長新太さんの絵本の力はすごい！

16 百町森

静岡県静岡市葵区鷹匠1-14-12 ウインドリッヂ1F
054-251-8700 10:30〜18:00 休月・火曜 P あり
HP http://www.hyakuchomori.co.jp/

全国的に有名な老舗。この店の強みは、それぞれの専門家が在籍していること。アナログゲームのエキスパートがいたり、オリジナルのままごと道具を開発するなど、おもちゃや人形などのモノの充実度に関しては頭一つ抜けている。児童書を数千冊持ち、絵本もおもちゃも、食器、タオルまで、子どものものを買いたい時、ここ1軒でこと足りてしまう。

ここ数年でいい！と思った絵本

およぐひと

作：長谷川集平
（解放出版社）

3.11を長谷川集平がとらえた絵本。堂々と真摯にこのテーマを描いた勇気に敬服したい。

一番好きな絵本

もりのなか

文・絵：マリー・ホール・エッツ
訳：まさきるりこ （福音館書店）

「きっと挙げる人が多いだろうけど」といいつつ、やっぱりこれかなぁと選んだ名作。

地味だけど実はすごくおすすめ

たからもの

作：ユリ・シュルヴィッツ
訳：安藤紀子 （偕成社）

「都へゆき、宮殿の橋のしたで、たからものをさがしなさい」。物語も絵も素晴らしい。

我が子がハマった絵本

たまごのあかちゃん

文：神沢利子 絵：柳生弦一郎（福音館書店）

ブルッキーのひつじ

作：M.B. ゴフスタイン 訳：谷川俊太郎
（ジー・シー・プレス）

たくさんある中からそれぞれにチョイス。

17 ブックスキューブリック

福岡県福岡市東区箱崎1-5-14ベルニード箱崎1F
092-645-0630　10:30～20:00　休 月曜（祝日の場合営業）
P あり　HP http://www.bookskubrick.jp/

そのセレクトや動向に注目が集まる店。面白いと思ったら、どれだけマイナーなものでもフロントにドンと置く。箱崎店は螺旋階段を上った2階にランチも食べられるカフェと、パン工房BKベーカリーを併設して焼きたてパンを提供。絵本屋さんのセレクトとは少し異なり、「何か胸が騒ぐ」感じ。行ったついでにお茶をし、自分の買い物も。絵本だけじゃない喜びを見つけるなら、こんな店もいい。

ここ数年でいい! と思った絵本

てつぞうはね
作:ミロコマチコ
（ブロンズ新社）

猫と私の物語。やっぱりこの絵の迫力がスゴイ!　のびやかで繊細でありつつ、おおらか。

一番好きな絵本

よるのねこ
作:ダーロフ・イプカー
訳:光吉 夏弥　（大日本図書）

店頭でも切らしたことがないという一冊。絵が素晴らしく、マチス的な雰囲気。

地味だけど実はすごくおすすめ

はじまりの日
作:ボブ・ディラン 絵:ポール・ロジャース
訳:アーサー・ビナード　（岩崎書店）

名曲「フォーエバー・ヤング」の絵本。ボブ・ディランの半世紀の道を描く。

我が子がハマった絵本

よるくま
作:酒井駒子　（偕成社）

ルフランルフラン
作:荒井良二　（プチグラパブリッシング）

何度も読まされたなあ、と記憶に残るのは、この2冊。

18 ピースランド

岐阜県高山市愛宕町8　0577-34-5356
10:00～19:00　休 木曜　P 1台
HP http://peaceland1988.jimdo.com

飛騨高山のメインストリートから少し外れた裏通りの古民家に、藍染の暖簾がかかる。中へ入ると、片側には選び抜かれた絵本がズラリ。その反対側には平和や脱原発、食の大切さをテーマにした主張ある親向けの本が並ぶ。「棚は自己表現の場だと思っています」というオーナー中神隆夫さん。堂々と自由。まるで「自分の心に素直に生きていい」と店が語りかけて来るようだ。

ここ数年でいい! と思った絵本

はやくはやくっていわないで
作:益田ミリ
絵:平澤一平　（ミシマ社）

シンプルな絵と言葉だけど、この絵本には大切なメッセージが詰まっている。

一番好きな絵本

もりのなか
文・絵:マリー・ホール・エッツ
訳:まさきるりこ　（福音館書店）

何度読み返しても、余韻がじんわり染み渡る名作。あえて1冊あげるならこれ。

地味だけど実はすごくおすすめ

かぜは どこへいくの
作:シャーロット・ゾロトウ　（偕成社）
絵:ハワード・ノッツ　訳:松岡享子

就寝前のひととき、母親が幼い子どもの質問に答えると安心して眠りにつける。

我が子がハマった絵本

エンソくんきしゃにのる
作:スズキコージ　（福音館書店）

あさえとちいさいいもうと
作:筒井頼子　絵:林明子　（福音館書店）

兄弟で好きな絵本は違ったそう。長男はエンソくんで長女はあさえ。

19 子どもの本や

東京都杉並区阿佐ヶ谷南1-47-7　03-3314-3455
11:00〜17:00　休 水・木曜、祝日　P なし
HP http://d.hatena.ne.jp/kodomonohonya/

5坪ほどの空間に児童書を約1000冊並べる。種類は決して多くはないが「この店に来たら、どの本を手にとっても安心して子どもに選んでもらえるようにしたかった」という通り、世界中で愛されているロングセラーがほとんど。おもちゃ的な絵本やキャラクターものは置いていない。本選びの基準は「季刊子どもと本」（子ども文庫の会刊）。初めての子育てママには心強い店だ。

ここ数年でいい！と思った絵本

ぼくはなにいろのネコ？
作:ロジュー・デュボアザン
訳:山本まつよ　（子ども文庫の会）
1974年にニューヨーク科学アカデミーの児童書部門賞を受賞した作品が、日本でも翻訳され出版。

一番好きな絵本

**エルシー・ピドック
ゆめでなわとびをする**
作:エリナー・ファージョン　（岩波書店）
絵:シャーロット・ヴォーク　訳:石井桃子
なわとび上手な少女が、ある日なわとび師匠から妖精の秘術を教わることに…。

地味だけど実はすごくおすすめ

しずかでにぎやかなほん
作:マーガレット・ワイズ ブラウン
絵:レナード・ワイスガード
訳:谷川俊太郎　（童話館出版）
地味というより、あまり手にとってもらえないけれどおすすめ。絵と文のリズムがいい。

孫に贈りたいロングセラー

あおい目のこねこ
作・絵:エゴン・マチーセン
訳:瀬田貞二　（福音館書店）
文章が短めで読みやすく面白い。小さな頃から子どもが好きだった一冊。

20 あっぷっぷ

福岡県太宰府市大佐野1-6-30　092-919-6300
10:00〜18:00　休火曜　P あり
HP http://ehon-appuppu.noor.jp/

太宰府のショッピングモールが並ぶエリアにある60坪の面積を誇る絵本専門店。ベビーカーを押しながらでもすれ違える広々とした店内には、1万5000冊もの児童書が並ぶ。店内の中央には、子どもが落ち着いて座れるテーブル席や親子でくつろげるソファもあり、子連れの憩いの場に。「明るい話やハッピーエンドが好き」と話すように、赤ちゃん向けから小さな子まで、楽しんで読めるものが多い。

ここ数年でいい！と思った絵本

**あっちゃんあがつく
たべものあいうえお**
作:さいとう しのぶ　原案:みね よう（リーブル）
「あ」から「ん」まではやし歌にのせて、すべて食べ物にした絵本。絵がユニーク。

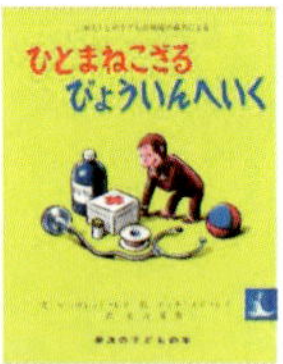

一番好きな絵本

「ひとまねこざる」シリーズ
文:マーガレット・レイ　絵:H.A.レイ
訳:光吉夏弥　（岩波書店）
1947年にアメリカで出版され、十数ヵ国語に翻訳されているロングセラー。楽しいお話。

地味だけど実はすごくおすすめ

かしこいビル
作:ウィリアム・ニコルソン（ペンギン社）
訳:まつおかきょうこ　訳:よしだしんいち
人形のかしこいビル。一緒に旅行に連れて行ってもらえるはずが…なんと！ がたまらない。

孫に贈りたいロングセラー

からすのせっけん
作:むらやまけいこ
絵:やまわきゆりこ　（福音館書店）
幼い頃に好きだった絵本から一冊。石鹸を知らないカラスの愉快な物語。

21 スロウな本屋

岡山県岡山市北区南方2-9-7　086-207-2182
11:00〜19:00　休 火曜、第2月曜　P なし
HP http://slowbooks.jp/

「ゆっくりを愉しむ」をコンセプトに、店主が選んだ絵本と暮らしの本を揃えた新刊書店。戦前から残る古い木造長屋をリノベーションした店内で、静かに本と向き合える。毎月絵本が届く「スロウな本屋 絵本便」も好評。また毎月多彩なワークショップの開催もあり、大人から子どもまで楽しめる本屋だ。

ここ数年でいい! と思った絵本

アームストロング 宙飛ぶネズミの大冒険

作:トーベン・クールマン　訳:金原瑞人
(ブロンズ新社)

NYから月を目指して宇宙へ飛んだネズミの物語。小さなヒーローの奮闘に勇気をもらえる絵本。緻密な絵の迫力にワクワク!

絵本に目覚めた一冊

永い夜

作:ミシェル・レミュー　訳:森絵都
(講談社)

不安、孤独…様々な想いが駆けめぐり、眠れない夜。深遠で普遍的なテーマをシンプルに美しく表現した絵本。

あまり知られていない押しの一冊

ヴァイオリン

作:ロバート・T・アレン　写真:ジョージ・パスティック
訳:藤原義久、藤原千鶴子(評論社)

出逢いと別れ、そして音楽。モノクロームの写真で描かれる詩情豊かな世界は、まるで1篇の美しい映画のよう。

孫に贈りたいロングセラー

ルピナスさん

作:バーバラ・クーニー
訳:掛川恭子 (ほるぷ出版)

ひとりの女性の人生を花に託して、世界を美しくすること・生きることの意味を問う、穏やかで美しい物語。

22 ハックルベリーブックス

千葉県柏市柏3-8-3　04-7100-8946
10:30〜暗くなるまで(時々20:00までナイト営業)
休 第2・4火曜、毎週水曜　HP http://www.huckleberrybooks.jp/

2010年に開店した赤ちゃんから大人まで楽しめる本と雑貨のセレクトショップ。絵本から児童文学、生活の本まで売れ筋にこだわらず、昔の作品も掘り起こしている。モットーは必ず一度は店主が目を通して本当にいいと思った本のみを置いていること。2階がイベントスペースになっているので赤ちゃんからのお話し会や文学茶話会、絵本原画展など様々な催しが開催されている。

ここ数年でいい! と思った絵本

ナナカラやまものがたり

作・絵:どいかや
(童心社)

動物を主人公にした5つの短い物語。和紙に描いた絵と民話風の語りが味わい深い。

一番好きな絵本

はじまりの日

作:ボブ・ディラン　絵:ポール・ロジャース
訳:アーサー・ビナード(岩崎書店)

ボブ・ディランの名曲「forever young」の素晴らしい日本訳。絵にも色々と仕掛けが。

地味だけど実はすごくおすすめ

みどりおばさん、ちゃいろおばさん、むらさきおばさん

作・絵:エルサ・ベスコフ
訳:ひしきあきらこ(福音館書店)

絵が美しい。共同生活をする3人の女性が孤児を引きとり家族になる古くて新しい名作。

孫に贈りたいロングセラー

かにむかし

作:木下順二
絵:清水崑(岩波書店)

小さなものが力を合わせる猿蟹合戦。リズミカルな言葉のかけ合いが心地よい。

23 本の家

群馬県高崎市中居町4-31-17　027-352-0006
10:00〜19:00　休 水曜
HP http://www3.ocn.ne.jp/~honnoie/

地元で長く愛される1983年創業の絵本屋さん。続木美和子さんを代表理事とするNPO時をつむぐ会も運営。現在、店は親子で運営している。絵本や児童書など1万冊ほど揃え、その他にも木のおもちゃやオーガニック用品なども取りそろえている。「古臭いと言われても、ロングセラーを中心に頭の堅い選書が持ち味」と言いつつ、絵本が大好き！という声には柔軟に応える。近くにあれば頼れる1軒だ。

ここ数年でいい！と思った絵本

トラのじゅうたんに なりたかったトラ

文・絵:ジェラルド・ローズ
訳:ふしみ みさを(岩波書店)

絵が最高。必死に死んだふりしてじゅうたんになりきっているところもたまらない。

一番好きな絵本

はなのすきなうし

文:マンロー・リーフ　絵:ロバート・ローソン
訳:光吉 夏弥(岩波書店)

子どもの時から好きで、最近特に良いなぁと思う一冊。こういう毎日が幸せなのかも。

地味だけど実はすごくおすすめ

空とぶ船と世界一のばか

文:アーサー・ランサム
絵:ユリー・シュルヴィッツ
訳:神宮 輝夫(岩波書店)

ちょっとお話は長いけれど、それでもとても面白い。本当におすすめ。

我が子がハマった絵本

ゆめくい小人

文:ミヒャエル・エンデ　絵:アンネゲルト・フックスフーバー　訳:さとうまりこ(偕成社)

おやすみなさいフランシス

文:ラッセル・ホーバン 絵:ガース・ウイリアムズ
訳:まつおか きょうこ(福音館書店)

寝るのが大嫌いだった子どもの頃、定番だったのがこの2冊。

24 ソングブックカフェ

神奈川県鎌倉市笹目町6-6　大栄ビル1階
046-725-0359　11:00〜17:00　休 火曜、水曜
HP http://www.songbookcafe.com/

由比ケ浜駅から徒歩で行ける好立地に建つ、お洒落な絵本カフェ。この店は『さつまのおいも』などで有名な絵本作家でシンガーソングライターの中川ひろたかさんがオープンした店。絵本の販売だけでなく、中川ひろたかプロデュースによるCDの販売も行うファンにはたまらない店。カフェでは地元のパティシエが作るこだわりのスイーツが食べられる。鎌倉を訪れたなら親子で散歩がてらでかけたい。

ここ数年でいい！と思った絵本

しろねこ　くろねこ

作:きくちちき
(学研)

これまで手製本を発表してきた、きくちちきさんのメジャー出版デビュー作。

一番好きな絵本

うそ

作:中川ひろたか　絵:ミロコマチコ
(金の星社)

ひとは なんで うそを つくんだろう?中川ひろたか&ミロコマチコ 初コラボ!

地味だけど実はすごくおすすめ

ブルッキーのひつじ

作:M.B. ゴフスタイン　訳:谷川 俊太郎
(ジー・シー・プレス)

シンプルな絵とシンプルな言葉の繰り返しが心にじんわり染みわたる名作。

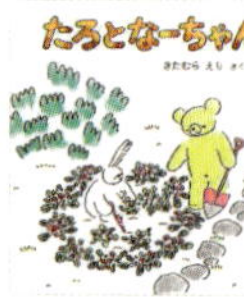

我が子がハマった絵本

たろとなーちゃん

作・絵:きたむらえり
(福音館書店)

こぐまのたろシリーズの一冊。何度も読んでとせがまれた素朴で温かな作品。

25 ちいさいおうち書店

長野県松本市沢村3-4-41　☎ 0263-36-5053
🕙 10:00〜18:30（日曜・祝日18:00まで）　休 不定休
HP http://www.chiisaiouchihon.jp/

長野県では知らない人がいないのでは、という1980年に誕生した夫婦経営の子どもの本の専門店。絵本を中心に1万冊もの本を置き、読みものの棚は年令に合わせて低い方からだんだん内容のグレードが高くなるよう工夫している。また「大人の読書会」「絵本をテーマにしたフラワーアレンジメント」も開催。作家や翻訳家を招いた講演会なども行う。絵本に登場するキャラクター商品も置く、地元密着店だ。

ここ数年でいい！と思った絵本

どしゃぶり
文：おーなり由子
絵：はたこうしろう（講談社）

いつもと違う雨の体験を、男の子が全身で感じている様子が素晴らしい。

一番好きな絵本

ちいさいおうち
作：バージニア・リー・バートン
訳：石井桃子（岩波書店）

1冊だけと言われたらやっぱりこれ。店の名前もこの作品から。名作中の名作。

地味だけど実はすごくおすすめ

ペレのあたらしいふく
作：エルサ・ベスコフ　訳：おのでらゆりこ（福音館書店）

自分の手で手に入れ、働く上でのヒントを与えてくれるスウェーデンの名作絵本。

我が子がハマった絵本

ロッタちゃんとクリスマスツリー
作：アストリッド・リンドグレーン
絵：イロン・ヴィークランド
訳：やまむろしずか（偕成社）

明日は楽しいクリスマスイブ。でもロッタちゃんの家ではモミの木が手に入らず…。

26 絵本とコーヒーのパビリオン

奈良県奈良市今辻子町32-5　☎ 0742-26-5199
🕙 12:00〜19:00　休 月曜・火曜・水曜（祝日は営業）
HP http://pavilion-b.com

もともと洋書の絵本を紹介するネット古書店としてスタート。のちに奈良の路地裏で3年半がかりで再生した長屋を実店舗としてオープン。店内は木の質感をゆたかに感じられる落ち着いた空間で、自家焙煎コーヒーやケーキを味わいつつ、絵本や詩集、美術書などを読むことができる。選書は新刊・古本を問わずユーモアのあるもの。主に喫茶店として営業しているためコーヒーを目当てに来る大人が多い。

ここ数年でいい！と思った絵本

でんしゃにのって
作・絵：とよたかずひこ（アリス館）

はじめて電車に乗れた、あのトキメキがよみがえる！

一番好きな絵本

よあけ
作・画：ユリー・シュルヴィッツ
訳：瀬田貞二（福音館書店）

淡々としたお話ながら深い余韻を残し、遠い記憶のなかの「よあけ」を思い出す。

地味だけど実はすごくおすすめ

星どろぼう
作：アンドレア・ディノト　訳：やぎたよしこ
絵：アーノルド・ローベル（ほるぷ出版）

どろぼうに盗まれた夜空の星。もとに戻すたった一つの方法とは？

我が子がハマった絵本

これはのみのぴこ
作：谷川俊太郎
絵：和田誠（サンリード）

「子どもはいませんがお店でお子さんにとても人気がある作品です」と大西さん。

27 えほんてなブル

広島県広島市中区中町1-26 ヴェル袋町公園2F
082-247-8920　11:00〜18:00　休 月曜
HP http://ehontenabull.com

1984年、広島ではじめての児童書専門店として開店。絵本から読みものまで児童書全般を扱い、子どもに手渡したいと思う価値のある絵本や、長く読み継がれている本を中心に、時代や場所を超え、多くの子どもたちに支持されてきた作品を揃える。児童文学や昔話関係の評論、子育ての手引きとなる本なども多い。絵本の表紙が見えるように工夫し、作者やキーワードでのつながりも考えられている。

ここ数年でいい! と思った絵本

小さいりょうしさん

文:マーガレット・ワイズ ブラウン
絵:ダーロフ・イプカー　訳:やましたはるお
(BL出版)

1945年初版、2008年にアメリカで復刻された名作。シンプルでリズミカルな文章に美しい絵を描いた一冊。

一番好きな絵本

もりのなか

文・絵:マリー・ホール・エッツ
訳:まさきるりこ(福音館書店)

絵本好きの間でよく知られる名作。静かさと温かさを持つファンタジーの世界。

地味だけど実はすごくおすすめ

かわせみのマルタン

文:リダ・フォシェ
絵:フェードル・ロジャンコフスキー
訳:いしいももこ(童話館出版)

四季が美しい森の静かな川のほとりに住む夫婦のかわせみ。翻訳を見直して復刊。

我が子がハマった絵本

ひとまねこざる

文・絵:H.A.レイ　訳:光吉夏弥(岩波書店)

あおくんときいろちゃん

作:レオ・レオーニ　訳:藤田 圭雄 (至光社)

ともにどちらも出版されて以来、世界中で愛されている。

28 横田や

宮城県仙台市青葉区北山1-4-7　022-273-3788
11:00〜19:00　休 水曜
HP http://www.yokotaya.net/

元は味噌と醤油を販売していた古い日本家屋をそのまま利用した味わいのある1978年創業の老舗の絵本屋さん。児童書1万冊と木のおもちゃを扱う。店に置いているのは店主が自ら注文した本のみ。地元小学校に移動本屋として500冊ほど持ちこみ、投票制で図書館に入れる本を選んでもらう試みも20年以上続けている。毎週金曜は読み聞かせ会も開催。近くにあればいりびたってしまいそうな店だ。

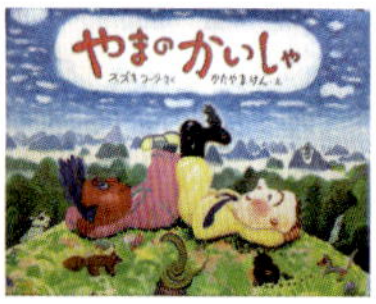

ここ数年でいい! と思った絵本

やまのかいしゃ

作:スズキコージ　絵:かたやまけん
(福音館書店)

架空社で絶版していた絵本を福音館書店が再販した絵本。文章も一部変更になっている。

一番好きな絵本

なおみ

作:谷川俊太郎　写真:沢渡朔
(福音館書店)

ずっと前からいた人形「なおみ」を通じて、子どもの時間を美しく描き出した写真絵本。

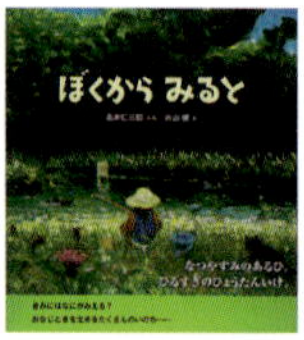

地味だけど実はすごくおすすめ

ぼくからみると

文:高木仁三郎　絵:片山健
(のら書店)

これこそ科学。どうしてこうなるのか物事の考え方のヒントや気づきとなるはず。

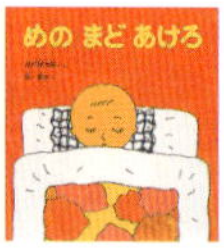

我が子がハマった絵本

めのまどあけろ

文:谷川俊太郎　絵:長 新太(福音館書店)

きんぎょがにげた

作:五味太郎(福音館書店)

2冊とも我が子の鉛筆書きが残っている想い出の絵本。店主自身も大好きな作品。

29 ティール・グリーン in シード・ヴィレッジ

東京都大田区千鳥2-30-1　03-5482-7871
11:00〜18:00　休 月・火曜
HP teal-green.com/

1997年にオープン後、2006年に今の場所に移転し、お茶が飲める絵本の店「ティール・グリーンin　シード・ヴィレッジ」として再開。住宅地の中にあり、親子連れがよく訪れる。国内外の選りすぐりの児童書4000冊ほどを並べ、赤ちゃんの絵本、乗り物絵本、季節の絵本、新刊コーナーなど探し物が見つけやすい棚作りだ。おはなしの会（月1回）や絵本の原画展、ライアーコンサートなど開催。

ここ数年でいい！と思った絵本

あさになったので まどをあけますよ

作:荒井良二（偕成社）

何気ない日々の繰り返しの中にある希望と喜びを感じる荒井良二の新たな傑作。

一番好きな絵本

わたしとあそんで

文・絵:マリー・ホール・エッツ
訳:よだじゅんいち（福音館書店）

子育てに不安いっぱいの時に出合い、深く感銘を受け、絵本の世界に導かれた一冊。

地味だけど実はすごくおすすめ

くるみのなかには

作:たかおゆうこ
（講談社）

小さなくるみから広がる美しく豊かな想像の世界。命のつながりも見えてくる。

我が子がハマった絵本

わたしのワンピース

絵・文:にしまき かやこ
（こぐま社）

ページをめくるたびに、その背景と同じ柄のワンピースに変わる可愛い絵本。

30 dessin（デッサン）

東京都目黒区上目黒2-11-1　03-3710-2310
12:00〜20:00　休 火曜
https://dessinweb.jp

もともと渋谷に美術や写真、デザインなどの古書を扱う「東塔堂」を営んでいる店主の大和田悠樹さん。いつも店の前を通る親子の姿を見ながら、誰でも気軽に入れるお店をつくりたいと思ったのがきっかけとなり、中目黒に姉妹店「デッサン」をオープンさせた。置いてある絵本は、画集のようなビビットな色使いのもの、ファンタジーでかわいいビジュアルのものなどさまざまだがアーティスティックな表紙が多く目立つ。

ここ数年でいい！と思った絵本

木のうた

作:イエラ・マリ
（ほるぷ出版）

春夏秋冬に移り変わる木の姿とそれを取り巻く動物たちが、グラフィカルに描かれている美しい絵本。

一番好きな絵本

おかあさん 佐々木卓也作品集

文:岸田今日子　写真:堀口眞澄
（小学館）

自閉症の作者が10代の頃に制作した、動物の親子の紙粘土作品に、岸田今日子さんが文を添えている。

あまり知られていない押しの一冊

くりことあめおに

文:蜂飼　耳
絵:前田ひさえ

主人公が雨の日に水たまりをこえたら、あめおにくんという男の子に声をかけられて…。不思議な世界。

孫に贈りたいロングセラー

おおきなかぶ

ロシア民話　再話:A.トルストイ
訳:内田莉莎子　画:佐藤忠良（福音館書店）

リズミカルな掛け声に、佐藤忠良さんの描く、想像を絶する大きなかぶ。大人になっても心に残る名作。

31 TREEHOUSE

静岡県長泉町東野クレマチスの丘（スルガ平）515-57
055-986-1300　10:00〜18:00　休 水曜
HP http://www.clematis-no-oka.co.jp/

ベルナール・ビュフェ美術館に併設されているカフェショップ。近くに子どもの絵本を扱う店がなかったことから、美術系の書籍だけでなく、子育て中のお母さんたちに向けた絵本や書籍を数多く取り扱うように。長年読み継がれてきている絵本から新刊まで、季節の移り変わりを感じられる絵本や、美術のように物事の本質に触れる、世界の成り立ちを感じられるような絵本をセレクトしている。

ここ数年でいい! と思った絵本

ルリユールおじさん

作:いせひでこ
（講談社）

小さな女の子ソフィーが大切にしていた植物図鑑をルリユールの工房でなおしてもらう物語。

一番好きな絵本

ふわふわしっぽと小さな金のくつ

作:デュ・ボウズ ヘイワード　絵:マージョリー フラック　訳:羽島 葉子（PARCO出版）

記憶に残る一冊。夢を諦めず家庭と仕事の両立をするなど大切なことを感じる絵本。

地味だけど実はすごくおすすめ

おおきな木

著:シェル・シルヴァスタイン
訳:村上春樹（あすなろ書房）

店名から「木」の本を多く扱う中でも心に残る一冊。誰の心の中にもある木との関わりを感じる。

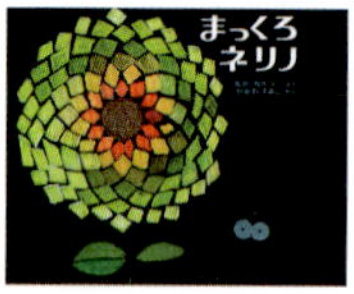

我が子がハマった絵本

まっくろネリノ

作:ヘルガ・ガルラー
訳:やがわすみこ（偕成社）

暗闇の中に色とりどりの生き物が描かれた不思議な絵本。何度も手にとった一冊。

32 おおきな木

岐阜県岐阜市伊奈波通3-11　058-264-2393
10:00〜19:00　休 火曜
HP http://www.ookinaki.info/

愛知・岐阜で絶大な人気を誇る児童書専門店。1万冊のうち7割が絵本。あとは童話、児童文学、図鑑など。木のおもちゃを中心にしたおもちゃコーナー、2階はイベントスペースもある。大人目線の「よい絵本」という概念を捨て、子どもが「好き」といえる絵本と出合えるようにしている。会員制の「ことば塾」（月2回）、「野外塾」（年約20回）他、杉山三四郎絵本ライブ出張公演、ブッククラブも。

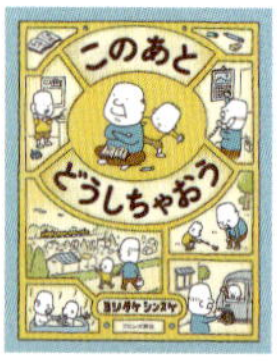

ここ数年でいい! と思った絵本

このあとどうしちゃおう

作:ヨシタケシンスケ
（ブロンズ新社）

死んだらどうなる? どうしたい? 生きている間に考えてみよう。

一番好きな絵本

ぼちぼちいこか

作:マイク・セイラー　絵:ロバート・グロスマン　訳:今江 祥智（偕成社）

ユーモアがあって、力が抜けて、かつ色んなことを教えてくれる親子で好きな絵本。

地味だけど実はすごくおすすめ

だって…

作:石津ちひろ
絵:下谷二助（国土社）

「どうして」という親に、「だって…」とスパイスのきいた答えが面白い!

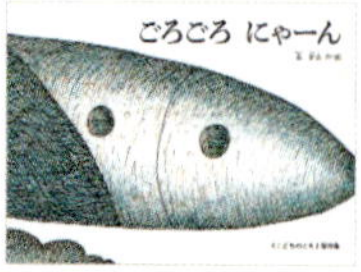

我が子がハマった絵本

ごろごろにゃーん

作・画:長新太
（福音館書店）

他にもハマった絵本はいっぱいあるけれど、あえて1冊だけあげるならこれ。

33 okeba gallery & shop

神奈川県茅ヶ崎市香川7-10-7　0467-50-0252
11:00〜17:00(土日祝 〜18:00)
休 第3火曜・年末年始
HP http://www.kumazawa.jp/okeba/

店舗は元造り酒屋。当時、酒樽や道具の修理製作を行う桶場と呼ばれた倉庫をギャラリーとして改修した店。湘南地域を中心とした作家作品や古道具などを展示販売、作家によるワークショップも行っている。数は少なめだが店内の2階には絵本を中心とした古書コーナーがあり、小さな子どもが座れる椅子の設置も。同じ敷地内にはレストランやパン屋さんなどもあり、家族で楽しめる。

ここ数年でいい!と思った絵本

じっちょりんのあるくみち
作:かとうあじゅ
(文溪堂)

現実の世界に絵本が入り込んで来た感じ。「日々の歩く道が楽しくなります」。

一番好きな絵本

くまのコールテンくん
作:ドン・フリーマン
訳:まつおかきょうこ(偕成社)

王道の一冊。「心の動き」がある名作。幾つになっても何度読んでも素晴らしい。

地味だけど実はすごくおすすめ

森にめぐるいのち
作:片山令子　写真:姉崎一馬
(フェリシモ出版)

「この本を読むと、まるで自分が森の中にいるような気分になれます」。

我が子がハマった絵本

てがみぼうやのゆくところ
作:加藤晶子
(講談社)

オーナーの子どもが毎日読んでいる一冊。作家の加藤さんは何とokebaのスタッフ!

34 ちいさいおうち

愛知県岡崎市材木町3-2　0564-26-3083
10:00〜18:00　休 水曜
HP http://homepage1.nifty.com/livre/

岡崎市の中心街近くにある絵本と児童書の専門店。店長の浅井洋子さんは30年以上前から地域の子どもの本研究会のスタッフとして活動し、地元の児童専門書店がなくなってしまったことから店をスタート。大きな店ではないものの、靴を脱いで遊べるスペースもありくつろげる。毎週月曜は読み聞かせの会も開催。子どもの頃読んでもらった懐かしい絵本をはじめ、紙芝居や唄遊び、伝承遊びも登場。

ここ数年でいい!と思った絵本

きょうはマラカスのひ
文・絵:樋勝 朋巳
(福音館書店)

ほんわかしたムードとマラカスのリズム。ボローニャ国際絵本原画展入選作。

一番好きな絵本

みずまき
作:木葉井悦子
(講談社)

真夏の午後、庭じゅうの生き物に女の子がホースで水まき。94年刊の新装版。

地味だけど実はすごくおすすめ

にぐるまひいて
作:ドナルド・ホール
絵:バーバラ・クーニー
訳:もき かずこ(ほるぷ出版)

家族全員が作った1年分の生産物を荷車に積んで、父さんは町の市場に。

我が子がハマった絵本

くつくつあるけ
作:林明子
(福音館書店)

白くて、ぽっこり丸い赤ちゃんの靴が1足。ぱたぱた歩いて、さんぽにおでかけ。

35 Rainy Day Bookstore&Café

東京都港区西麻布2-21-28-B1F　☎ 03-5485-2134
営 11:00〜19:00　休 月・火曜（祝日の場合は営業）
HP http://www.switch-pub.co.jp/rainyday/

雑誌「Switch」などで知られるスイッチ・パブリッシングの会社地下に併設された、コーヒーと本を愉しむ場所。れんが造りの門をくぐって階段を下りていくと、そこは静かな大人の図書室といった雰囲気。オープン時には片岡義男氏が絵本をセレクト。現在、絵本の専属スタッフは特にいないが、絵やデザインにこだわった洋絵本がメインに並び、感性が刺激される本と出合える。出版イベントも頻繁に行われている。

ここ数年でいい！と思った絵本

「いる」じゃん

作：くどうなおこ　絵：松本大洋
（スイッチ・パブリッシング）

大らかな詩と繊細な絵の組み合わせが印象的。地球に抱かれているような温かい気持ちになれる。

一番好きな絵本

木に持ち上げられた家

作：テッド・クーザー　訳：柴田元幸
（スイッチ・パブリッシング）

時の流れの刹那と生命のたくましさを教えてくれる、一軒の家と樹々。何度も読みたくなる絵本。

地味だけど実はすごくおすすめ

かぜがおうちをみつけるまで

話：ボブ・サム　訳：谷川俊太郎
絵：下田昌克（スイッチ・パブリッシング）

クリンギット・インディアンのボブの物語。アラスカで守られ語り継がれる自然への思い。

我が子がハマった絵本

恐竜がいた

詩：谷川俊太郎　絵：下田昌克
（スイッチ・パブリッシング）

子どもが夢中になってページをめくる、絵と写真と詩で構成された恐竜図鑑のような一冊。

36 こども冨貴堂

北海道旭川市7条8丁目買物公園　☎ 0166-25-3169
営 10:00〜18:30（日祝10:00〜18:00）
休 年末年始（12/30〜1/3）　P あり
http://fufufunet.kids.coocan.jp

親しみやすい雰囲気の店内に絵本や児童書、詩集や自然関係の書籍など約1万冊を揃えており、特にあべ弘士や堀川真など地元作家の作品や情報発信は充実。店内奥のギャラリーでは原画展やクラフト作品の発表も。毎月第２土曜はお話会＆工作会も。隣にはあべ弘士ギャラリー「プルプル」もある。

ここ数年でいい！と思った絵本

クマと少年

作：あべ弘士
（ブロンズ新社）

のびやかな絵の中に命の尊厳、祭りと神話、自然への畏怖、死生観など様々な要素を含むスケールの大きな絵本。

絵本に目覚めた一冊

やっぱりおおかみ

作：佐々木 マキ
（福音館書店）

「おれににたこはいないかな」仲間を探して歩くオオカミの行き着く先は？現代的な表現で絵本の可能性を広げた一冊。

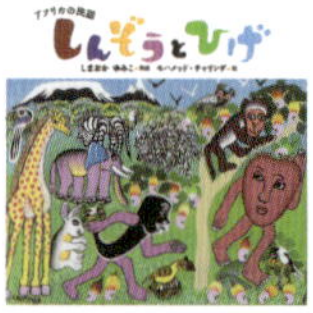

あまり知られていない押しの一冊

しんぞうとひげ

再話：島岡由美子
絵：モハメッド・チャリンダ（ポプラ社）

なんと主人公は心臓とひげ！ タンザニアの奇想天外な民話、衝撃のラストはお子さんと一緒にぜひ。

孫に贈りたいロングセラー

ぶたぶたくんのおかいもの

作：土方 久功
（福音館書店）

お母さんに買い物を頼まれたぶたぶたくん、ちゃんと一人でできるかな？ 子どもと一緒にドキドキしながら読みたい。

37 うみべのえほんや ツバメ号

神奈川県横須賀市津久井1-24-21　046-884-8661
10:00〜19:00　休 水・木曜
HP http://umibenoehonya.com

店主が保育科の学生時代に授業で絵本の奥深さを知り、その頃からの夢だった絵本専門店を横須賀にオープンしたのが2013年3月。北欧やイギリスなどの小さな書店をイメージしたほんわかした店づくり。大人から子どもまで楽しめる絵本をセレクト。常時1000冊以上の絵本が並ぶ。カフェも併設し絵本の中に出てくるようなスイーツやお茶も。ギャラリーもあり、絵本の原画展やワークショップを中心に開催。

ここ数年でいい! と思った絵本

最初の質問

詩:長田 弘　絵:いせ ひでこ
(講談社)

詩も絵もよく、「問いかけられる質問の答えを絵本を開くたびに心で探します」。

一番好きな絵本

しろいうさぎとくろいうさぎ

文・絵:ガース・ウイリアムズ
訳:まつおか きょうこ(福音館書店)

学生時代にこの絵本に出合ったことで絵本がもっと好きになったという一冊。

地味だけど実はすごくおすすめ

このあかいえほんをひらいたら

作:ジェシー・クラウスマイヤー
絵:スージー・リー　訳:石津 ちひろ(講談社)

開かないと分からないのがこの絵本の楽しさ。自分も物語の中にいるような気分。

我が子がハマった絵本

「ノンタン」シリーズ

作:キヨノサチコ
(偕成社)

「次男が4、5歳のころ、毎日何冊も持ってきて寝る前に読まされましたね」。

38 Books&Cafe Wonderland

京都府向日市寺戸町久々相8-2　075-931-4031
8:00〜18:00(土曜・祝日9:00〜17:00)　休 日曜(臨時休業などはHPで確認)　HP http://www.wonderland1995.com/

我が子に絵本を読んでいるうちに、絵本の素晴らしさを再確認。欲しい絵本を置いている店は遠く、ならば自分で！と一念発起、次男の卒園を機に店主が1995年に立ち上げた店。自然、命、環境、地球、平和など普遍的なテーマで、地味でも心に響く本を選書。喫茶やギャラリーもあり、「朗読を楽しむ会」や原画展、講演会、ライブなども開催。店の名前はレイチェル・カーソンの『センス・オブ・ワンダー』から。

ここ数年でいい! と思った絵本

おどりたいの

作:豊福まきこ
(BL出版)

バレエにあこがれたうさぎの一途さ、かわいさ! ぎゅ! と抱きしめたくなる。

一番好きな絵本

にじ

作: 新沢 としひこ　絵:あべ 弘士
(アスク・ミュージック)

1冊だけなんて無理!といいつつ選んだのがこれ。なぜか涙がポロリ。空を見上げてみよう!

地味だけど実はすごくおすすめ

たくさんのドア

文:アリスン・マギー　絵:ユ・テウン
訳:なかがわちひろ(主婦の友社)

どんな人の、どんな節目にも背中を押してくれる。前を向いて歩こう。

我が子がハマった絵本

おしいれのぼうけん

作:ふるたたるひ　たばたせいいち(童心社)

いちにのさんぽ

作:ひろかわさえこ(アリス館)

息子たちは『おしいれのぼうけん』を繰り返し。3歳の孫はテンポよく繰り返されるフレーズが楽しい『いちにのさんぽ』がお気に入り。

39 ちいさなえほんや ひだまり

北海道札幌市手稲区新発寒6条5丁目14-3 ☎ 011-695-2120
10:00〜19:00 休 火・水・木曜 P あり
HP https://blogs.yahoo.co.jp/ehonnomotyadaisukida

開店から約四半世紀、市街地を離れた閑静な住宅街の一軒家で営む絵本専門店。売場を覗けば、店主青田さんが厳選した絵本がぎっしり並ぶ。青田さんのあふれる絵本愛に魅了され、道内はもとより全国から絵本好きが訪れる。中央にはヒノキで作られた読書の木があり、子どもが見やすく、取り出しやすい角度の棚がいい。絵本の原画などの展示もあり。

ここ数年でいい!と思った絵本

おほしさまのちいさなおうち
作:渡辺 鉄太 絵:加藤チャコ
(瑞雲舎)

透明感のある美しい絵、謎解きのような展開が楽しい。自然に恵まれたオーストラリア在住の作家夫妻による絵本。

絵本に目覚めた一冊

スーホの白い馬
再話:大塚 勇三 絵:赤羽 末吉
(福音館書店)

モンゴルの伝統楽器・馬頭琴の由来を紐解きながら、広大な平原を舞台に白馬と少年の哀切な物語を描いた名作。

あまり知られていない押しの一冊

トンちゃんってそういうネコ
作:MAYA MAXX
(KADOKAWA)

トンちゃんはシマシマの元気な猫、だけど足が1つない。大胆でのびのびとしたタッチが自由な生き方に重なる。

孫がハマった絵本

ぴたっ!
作:あずみ虫
(福音館書店)

様々な動物の親子がぴたっと寄り添う姿が愛らしく、開くたびに幸せな気持ちになる一冊。クリアな絵のタッチも魅力。

40 夢文庫ピコット

愛知県名古屋市天白区原1-1616 ☎ 052-803-1020
10:00〜19:00(金曜のみ 〜21:00) 休 HPで確認を
P あり HP http://www.pikot.com

オープン以来30年以上に渡る経験と元保育士の知識で、子どもの遊びとことばをサポート。白とブルーを基調とした店内には絵本や児童書、おもちゃはもちろん、保育に関わる実用書や紙芝居、図書館用品までぎっしり!「こんな本ない?」とアバウトに相談しても、長年の蓄積でおすすめの絵本を紹介してくれる。昔ながらの頼れる良店だ。

ここ数年でいい!と思った絵本

バナナおいしくなーれ!
作:矢野アケミ
(大日本図書)

おやつのバナナに「もっとおいしくな〜れ」とおまじない。ところが皮をむくと…期待を裏切らない展開、文句なしの面白さ。

一番好きな絵本

こっぷ
作:谷川俊太郎 写真:今村昌昭
AD:日下弘(福音館書店)

保育士時代に出会い、絵本の持つ表現力に驚かされた1冊。美しくも簡潔な言葉で科学絵本を作った谷川さんは本当に凄い。

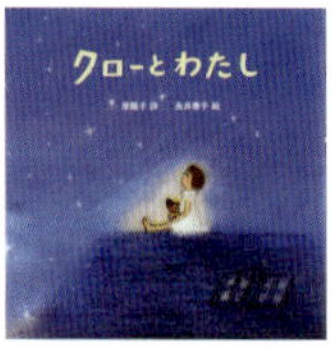

あまり知られていない押しの一冊

クローとわたし 詩のえほん
作:原陽子(詩) 絵:永井泰子(リーブル)

少女の頃に出会った子犬クローとの理不尽な別れ。守れなかった後悔を心の奥に沈めたまま成長した彼女のもとへ我が子が連れ帰った子犬は!?

孫に贈りたいロングセラー

せかいのひとびと
作:ピーター・スピアー
訳:松川真弓(評論社)

目や肌、髪の色、衣食住、文化や宗教…世界中で生きる人々のなんと多様なこと!思わず親子で見入ってしまいます。

41 つづきの絵本屋

岡山県倉敷市川入694-7　086-476-0415
10:00〜18:00　休 水・木曜　P あり
HP http://tsuzukinoehonya.com

公共や学校図書館の司書として子どもたちと絵本に関わってきた店主の都築さん。「穏やかでゆっくりとした時間を過ごせる場所を」との思いから2016年オープン。光の降り注ぐ店内では紅茶と特製スイーツも楽しめる。一般書店では購入できないような絵本も多々あり、遠くから訪れる人も。また、ギャラリーを併設しているので絵本作家の原画も見ることができる。

ここ数年でいい! と思った絵本

Life ライフ

作:くすのきしげのり　絵:松本春野
(瑞雲舎)

人は誰かとの関わりの中で生きているということをしみじみ感じる。町外れの小さな店で起きた暖かな奇跡の物語。

一番好きな絵本

ハグくまさん

作:ニコラス・オールドランド
訳:落合恵子(クレヨンハウス)

だれかに合うと、いつだってだきしめてしまうハグくまさん。ある日、オノを持った人間の男がやってきて…

あまり知られていない押しの一冊

星のふる夜に
When Stardust Falls

作:千住博(冨山房)

星を追いかけて迷子になった小鹿の一夜の冒険。文字は一切なし、日本画による神秘的な表現に魅了される。

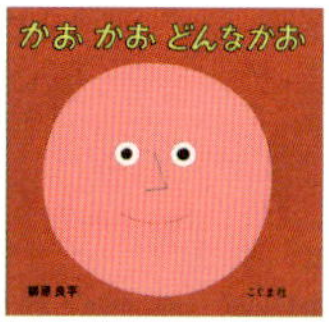

孫に贈りたいロングセラー

かおかおどんなかお

作:柳原良平
(こぐま社)

シンプルかつ鮮やかな色で、楽しい顔、悲しい顔、など様々な表情を表現。0歳から親子一緒に楽しめる。

42 ブックギャラリー ポポタム

東京都豊島区西池袋2-15-17　03-5952-0114
13:00〜20:00(土日祝は19:00まで)
休 火・水曜　P なし　HP http://popotame.com/

細い生活道が入り組んだ、西池袋の静かな住宅街。自身も子育ての中で絵本の世界の面白さに目覚め、絵本紹介のライターをしていた大林えり子さんが、「今度は本を手渡す場所をつくりたい」と店を開いた。そのセレクトは独特。また販売されている雑貨や、ギャラリーの展示にもセンスが光る。フラリと立ち寄り、目的もなく見て回るのも楽しいお店だ。

ここ数年でいい! と思った絵本

くろいの

作・絵:田中清代
(偕成社)

他の人には見えない不思議なくろいの。日常のすきまにあるファンタジーを銅版画が細やかにやさしく映し出している。

一番好きな絵本

カボチャありがとう

作・絵:木葉井悦子
(架空社)

私が絵本に興味を持つきっかけになった一冊。ダイナミックな絵と最低限の言葉による官能的な表現は絵本の醍醐味。

地味だけど実はすごくおすすめ

ロシアのわらべうた

訳:内田莉莎子　絵:丸木俊(架空社)

原爆の図で有名な丸木俊にこんな可愛い絵本の仕事があったと知り感動。尊敬する架空社さんとポポタムで協同復刻した作品。

我が子がハマった絵本

かばんうりのガラゴ

作・絵:島田ゆか
(文渓堂)

実は同作者の『バムとケロ』シリーズでも違うレイヤーでサイドストーリーが進み、親子で楽しんだ思い出の一冊。

43 BOOK FOREST 森百貨店

栃木県芳賀郡芳賀町祖母井南1-10-8　028-677-0017
平日9:00〜19:00　土日祝10:00〜18:00
休 第2･3日曜（臨時休業あり･GW･年末年始･他）　P あり
HP http://book-forest.jugem.jp

大正15年創業の老舗書店が2012年に絵本専門店としてリニューアル。店に一歩入れば、天井まで届く大きなブックツリーがお出迎え。2階イベントスペースで開催する読み聞かせやワークショップ、ライブなども好評。扱う児童ジャンルは広く、良質なロングセラーからキャラクターグッズまで。tuperatuperaデザインの包装紙が嬉しい。

ここ数年でいい! と思った絵本

パンダ銭湯

作:tupera tupera
（絵本館）

みんな大好きパンダに、こんな秘密があったなんて! ページを繰るたびまさかまさかの展開に、抱腹絶倒間違いなし。

絵本に目覚めた一冊

まっくろネリノ

作:ベルラ・ガルラー　訳:やがわ すみこ
（偕成社）

家族の中でただ一羽だけ真っ黒なネリノは、いつもひとりぼっち。ある時事件が!彼の活躍が私たちに勇気を与えてくれます。

あまり知られてない押しの一冊

ぼうぼうあたま

作:ハインリッヒ･ホフマン　訳:いとう ようじ
（銀の鈴社）

1936年初刊。初めて読んだ時の衝撃は忘れられない。ちょっと過激な(?)表現も、親の深い愛情あればこそ!

孫に贈りたいロングセラー

100万回生きたねこ

作:佐野 洋子
（講談社）

愛することを知り、愛する者を失って、初めて涙を流した猫。大人になるまでずっと大事にしてほしい1冊。

44 メリーゴーランド京都

京都市下京区河原町通四条下ル市之町251-2寿ビルディング5F
075-352-5408　11:00〜19:00
休 木曜（祝日の場合は営業）　P なし
HP http://www.mgr-kyoto2007.com/

京都の中心地に昭和2年に建てられた、味わいのあるビルの5階。その眺めのいい一室に、店長の鈴木潤さんが売りたいと思う本4000冊ほどがぎっしりと並ぶ。三重県四日市にある「メリーゴーランド」の姉妹店。置くのは何度も読み込んで、本当に面白いと心底気に入ったものだ。読書体験は100人いたら、100通りある。何だかそんなことを感じさせてくれる店だ。

ここ数年でいい! と思った絵本

300年まえから伝わる とびきりおいしいデザート

文:エミリー･ジェンキンス　絵:ソフィー･ブラッコール　訳:横山和江（あすなろ書房）

1つのデザートのレシピを通して300年という時代を描く。読む角度によって様々なことに想いをはせることができる。

絵本に目覚めるきっかけになった1冊

かぼちゃありがとう

作:木葉井悦子
（架空社）

初めて見た時に衝撃を受けた本。生命力にあふれていて、子どもに見せたいとか、絵本という範疇を越えている。

あまり知られていない押しの1冊

とっときのとっかえっこ

文:サリー･ウィットマン　絵:カレン･ガンダーシーマー　訳:谷川俊太郎（童話館出版）

年齢を越えて仲のいい2人。とてもシンプルなことだけど、いざ自分にできるかと言われたら…とハッとさせられる。

孫に贈りたいロングセラー

もりのなか

文･絵:マリー･ホール･エッツ
訳:まさき るりこ（福音館書店）

鈴木さんが自分の子どもにも買った本。やっぱり読み返すほどに深い。自分自身も好きな絵本だそう。

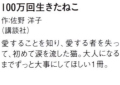

ここ数年でいい! と思った絵本

こころの家

作:キム・ヒギョン　絵:イヴォナ・フミエレフスカ　訳:かみやにじ(岩波書店)

心を家に見立てながら心の有り様を描いています。あたたかな言葉と冷たさのある絵のギャップがすごくいい。

絵本に目覚めた一冊

手ぶくろを買いに

作: 新美 南吉　絵:黒井 健
(偕成社)

大人になって読み返したとき、絵のすばらしさとことばのきれいさを再発見。想像の余白のある絵本はすごい。

あまり知られてない押しの一冊

ぽんちんぱん

作:柿木原政広
(福音館書店)

リズミカルな言葉を、お笑い芸人の方がラップ調で読んだら、子どもたちに大好評。みんなマネして読んでいます。

孫に贈りたいロングセラー

こんとあき

作:林 明子
(福音館書店)

こんの表情を見ていると、あきの心の中が映っている。林明子さんのいろんな魅力がつまっている贅沢な一冊。

45 絵本と言葉のライブラリー ミッカ

東京都葛飾区亀有3-26-1　リリオ館7F　03-6662-4315
10:00～19:00　小学生以下無料、保護者、中高生1日200円
※16歳以上の大人のみは入場不可
休 月曜・第4木曜(祝日の場合は翌日)、年末年始、リリオ館店休日(年2回)

駅前のショッピングモールにある子どものための小さな図書館。休日になれば親子連れでにぎわう。貸出しをしないからこそ、一般的な図書館とはまた違う、本との出合い方ができる場所だ。本棚に並ぶのは、絵本だけではない。車をテーマにしたコーナーには、ロングセラー絵本の横に車好きなら子どもも大人も目を輝かせるような自動車のパンフレットも。子どもたちの好奇心は、この自由さの中で育まれるだろう。

ここ数年でいい! と思った絵本

ソーニャのめんどり

作:フィービー・ウォール
訳:なかがわちひろ(くもん出版)

誰もが、自分の子どもにお腹いっぱい食べさせてあげたいと願っている……読み聞かせをしたら、泣いてしまいそう。

絵本に目覚めた一冊

こねこのぴっち

文・絵:ハンス・フィッシャー
訳:石井桃子(岩波書店)

学生時代、衝撃を受けた。絵がよくて、ハラハラさせて、最後は満足させてくれる。絵本の醍醐味がつまった一冊。

あまり知られてない押しの一冊

チキン・サンデー

作・絵:パトリシア・ポラッコ
訳:福本友美子(アスラン書房)

アメリカ人の作者の実話に基づくお話。人種、宗教、偏見などさまざまな困難を乗り越える勇気をくれる。

孫に贈りたいロングセラー

ことばのべんきょう全4冊

作・絵:かこさとし
(福音館書店)

古き良き日本人の生活というものを見せてくれる。家族そろって「いただきます」など、今となっては理想の姿。

46 プー横丁

富山県富山市太田口通り3-3-11　076-422-0010
10:00～17:30　休 日曜　P なし
HP http://www.pooh.co.jp/

路面電車の走る富山の町の本屋さん。元編集者の店主・杉原由美子さんが子育てしながら30年以上続けてきた。今も読み継がれるロングセラーはもちろん、新種のしかけ絵本、そして大型書店では見つけられないような小さな出版社のものまで、小さな店には本がぎっしりと詰まっている。雑誌、古本も並び、ドイツや北欧から来たデザインのよい玩具は、プレゼントにもってこいだ。

47 絵本カフェ Mébaé（めばえ）

京都府京都市北区紫野下門前町5-5　☎ 075-493-5528
🕘 11:00〜16:00　休 日・月・火曜　P なし
HP https://peraichi.com/landing_pages/view/ehoncafemebae

大徳寺近くの町家を改装した本と雑貨が買える絵本カフェ。この店がいいのは、本のセレクトだけでなく、細長い町家を生かした懐かしさと、カフェとしての居心地の良さもあること。座席ごとに、こじんまりとした巣ごもり感もあり、何だか妙に落ち着くから不思議だ。「はらぺこあおむし」に見立てたハムとチーズたっぷりのクロックムッシュなど可愛いプレートメニューも。

ここ数年でいい！と思った絵本

あめだま

作:ペク・ヒナ　訳:長谷川義史
（ブロンズ新社）

店でドンドンが見つけたのは6つのあめだま。1つ食べると「リモコンがはさまって痛い！」とソファの声が…。

絵本に目覚めた一冊

ぎゅっ

作・絵:ジェズ・オールバラ
（徳間書店）

心のなかがほっこりしてきて思わず「ぎゅっ」としたくなる絵本。大切な人へのプレゼントにどうぞ。

あまり知られていない押しの一冊

ルリユールおじさん

作:いせひでこ
（講談社）

パリの路地裏に、ひっそりと息づいていた手の記憶。本造りの職人から少女へ、かけがえのないおくりもの。

孫に贈りたいロングセラー

ちいさなあなたへ

作:アリスン・マギー　訳:なかがわ ちひろ
絵:ピーター・レイノルズ（主婦の友社）

母でいることの幸福、喜び、不安、痛み、そして子どもへの思い—母であることのすべてがつまった絵本。

48 MAIN TENT

東京都武蔵野市吉祥寺本町2-7-3 フェリオ吉祥寺102
☎ 0422-27-6064　🕘 10:30〜17:00（土日祝日〜19:00）
休 水曜　P なし　HP http://maintent-books.com/

「メインテント」は吉祥寺の繁華街から少し離れたところにある、サーカス小屋のような不思議で魅惑的な絵本専門古書店だ。店頭にはライオンの親子のぬいぐるみや木馬が置かれ、天井からはサーカスをイメージさせるカーテンやアンティークな照明が吊るされている。新しいものから絶版書、海外の原書、昔話など、そのラインナップはとても幅広い。

ここ数年でいい！と思った絵本

こいぬのうんち

作: クォン・ジョンセン　絵: チョン・スンガク
訳: ピョン・キジャ（平凡社）

タイトルと表紙に騙されることなかれ。胸の奥が熱くなり、気づいたら涙が溢れている名作。

絵本に目覚めた一冊

みどりのゆび

作:モーリス・ドリュオン　訳:安東次男
絵:ジャクリーヌ・デュエーム（岩波書店）

「私の本名チトは主人公チト少年より名付けられました」。目覚めるというより絵本に関わる道を進む運命だったよう。

あまり知られていない押しの一冊

あたごの浦—讃岐のおはなし

再話:脇 和子、脇明子
絵:大道あや（福音館書店）

60歳から絵を描き始めた画家の名作。何だそれ！な出来事がたくさん起こり、結局何も起こらない愉快な一冊。

孫に贈りたいロングセラー

かばくん

作:岸田衿子
絵:中谷千代子（福音館書店）

静かに始まり、徐々に盛り上がり、更に盛り上がり静かに終わる。良質な音楽のような絵本。生々しい筆跡も力強い。

49 青猫書房

東京都北区赤羽2-28-8 Timber House1F 03-3901-4080
11:00～19:00（日曜17:00まで） 休 火曜（年末年始、夏期休業あり）
HP http://aoneko-shobou.jp

各所に置かれた木製の小さなベンチ。木の温もりいっぱいの店内は、ベビーカーのまま入れるよう、通路も広い。「今はスマホから情報が得られるけれど、本を読む作業の中で想像したり、考えたりすることが培われると思うので、そういう方法があるのを知ってほしい。大それた願いですけど」と店主の岩瀬さん。店の奥には、カフェスペースがあり、中庭を眺めながらゆっくりドリンクが飲める。

ここ数年でいい！と思った絵本

ネコヅメのよる
作:町田尚子
（WAVE出版）

ネコたちの秘密。シンプルなストーリーながら、表情の描き方がとてもユニークで面白い。

絵本に目覚めた一冊

しろいうさぎとくろいうさぎ
作:ガース・ウィリアムズ
訳:まつおかきょうこ（福音館書店）

2匹のうさぎの愛の物語が、森の美しい情景とともに描かれていて、大人でも絵本は楽しめる。

あまり知られていない押しの一冊

ぼくからみると
作:高木任三郎 絵:片山 健
（のら書店）

少年、池の魚、空のとんびなど、ひょうたん池の風景をそれぞれの視点から描いたおもしろさが魅力。

孫に贈りたいロングセラー

100万回生きたねこ
作:佐野洋子
（講談社）

人生は回っているというのを実感し、誰かを愛せることは幸せだと気づかせてくれる。大人におすすめ。

50 絵本の店 星の子

東京都大田区石川町1-26-8 03-3727-8505
11:00～18:00（土曜・祝日は17:00まで）
休 日・月・火・水曜 HP http://hoshinoko.la.coocan.jp

御年76歳の店主、高橋清美さんは保育者として24年間勤めたのち、自宅にお店を開いた。絵本は、主人公にすぐ投影でき、探究心を刺激するもの、最後はハッピーエンドのもの、絵が話に沿って具体的に描かれているものを厳選。一本筋の通った選書に信頼も厚い。店内には外国のおもちゃも多く、子どもは宝を探すかのように、気に入ったおもちゃを見つけてくる。

ここ数年でいい！と思った絵本

ちょうちょのためにドアをあけよう
作:ルース・クラウス 絵:モーリス・センダック
訳:木坂 涼（岩波書店）

小さな子どもが小さな読者に向けてアドバイス。子どもが言いそうなセリフに、思わずクスっとなる。

絵本に目覚めた一冊

ちびくろ・さんぼ
作:ヘレン・バンナーマン 訳:光吉夏弥
絵:フランク・ドビアス（瑞雲社）

「とらがぐるぐるまわってバターになる」というのがおもしろくて、我が子によく読んでいた本。

あまり知られていない押しの一冊

きみなんかだいきらいさ
作:ジャニス・メイ・ユードリー 訳:小玉知子
絵:モーリス・センダック（冨山房）

もう口なんかきいてやるもんか!と言いながらいつの間にか仲直り。子どもの行動がそのまま的確に描かれている。

孫に贈りたいロングセラー

かもさんおとおり
作:ロバート・マックロスキー
訳:渡辺茂男（福音館書店）

かもの親子がのびやかに描かれ、微笑ましいストーリーの中に共存の大切さというメッセージが感じ取れる。

51 よもぎBOOKS

東京都三鷹市下連雀4-15-33 2F　050-6870-6057
11:00〜17:00(土日祝は12:00〜18:00)
休 不定休　P 3台(他店舗と共用)
HP https://yomogibooks.com

明るい壁面にずらりと面出しで並べられた何ともいい顔の絵本たち。「私自身が本に救われた経験があるものだから」と柔らかな笑顔で話す店長の辰巳さん。子ども向け、大人向け、ではなく、子どもも大人も捉えるデザイン性の高い本、心を動かす本が約2000冊揃っている。「予期しないことが起こっても、心に養ったものがあれば、自分が歩む道を見つけられるかもしれない。本がその助けになれば」。

ここ数年でいい! と思った絵本

あさになったので まどをあけますよ

作・絵:荒井良二(偕成社)

なにげない日々の繰り返しの中にある喜び。世界に生きとし生けるものを心から肯定するさまに心を打たれる。

絵本に目覚めた1冊

たいせつなこと

文:マーガレット・ワイズ・ブラウン　絵:レナード・ワイズガード　訳:うちだややこ(フレーベル館)

絵本が大人のためのものでもあることを知った一冊。こんがらがった気持ちをシンプルに落ち着かせてくれる。

あまり知られていない押しの1冊

いえでをしたくなったので

文:リーゼル・モーク・スコーペン
絵:ドリス・バーン　訳:松井るり子(ほるぷ出版)

心地いいリズミカルな言葉とモノクロに赤が映えるイラスト。家出をした兄弟たちの高揚感と解放感が伝わる。

孫に贈りたいロングセラー

きゅっきゅっきゅっ

作・絵:林明子
(福音館書店)

あかちゃんがぬいぐるみをお世話してあげるけなげさ。読んで子どもとスキンシップを再体験したくなる本。

52 絵本のこたち

京都府京都市伏見区横大路下三栖辻堂町76
075-202-2698　11:00〜18:00　休 水曜・木曜　P あり
HP http://cotachi.main.jp/

築70年を越す民家を改装した店舗。「こんにちは」と普通の家と同じように靴を脱いで土間を上がると、そこには店主の想いがこもった絵本がキレイに並ぶ。子どもに媚びた本や、どぎついものはない。荷物を床に置けるようにと床は板張り。数多くの中から選びたい人には少しもの足りない数かもしれないが、逆に子連れでじっくり1冊ずつ読んで選びたい、という人にとってはベストなスタイルだ。

ここ数年でいい! と思った絵本

The Night Life of TREES

絵:BHAJJU SHYAM、DURGA BAI、RAM SINGH URVETI(tarabooks)

「夜の木」のタイトルで知られるハンドメイド絵本。手漉き紙にシルクスクリーンで一枚ずつ刷られた芸術品。

絵本に目覚めた1冊

ふしぎなえ

作:安野光雅
(福音館書店)

階段を上がると上の階へ、今度は元の階に戻ったり…。絵の中だけに存在する不思議な世界。安野光雅のデビュー作。

あまり知られていない押しの1冊

パパとわたし

作:マリア・ウェレニケ
訳:宇野和美(光村教育図書)

私がパパと一緒にいたいと思う時、パパは一緒にいたくなかったり、その逆だったり。それぞれの思いを繊細に描く。

孫に贈りたいロングセラー

ちいさなヒッポ

作:マーシャ=ブラウン
訳:うちだりさこ(偕成社)

カバの子ヒッポは、お母さんカバから鳴き方の特訓を受ける。見事な木版画で迫力満点に描かれた名作。

53 ブックハウスカフェ

東京都千代田区神田神保町2-5　北沢ビル1F　☎ 03-6261-6177
11:00〜23:00(土日祝は19:00まで)　休 なし(年末年始除く)
P なし　HP https://www.bookhousecafe.jp/

神保町のこどもの本専門店&カフェ。店内には選びぬかれた約1万冊に加え、本の街ならではの貴重なサイン本などが並ぶ。「世代も性別も国籍も問わず、みんなが集える場所にしたかった」と店長の茅野さん。オムツ替えや授乳室を完備する一方、ギャラリー、カフェスペースやバーも併設されている。昼はベビーカーの子どもが通い、夜にはお酒を片手に絵本を読む大人がいる。それはまるで小さな社会の縮図のようだ。

ここ数年でいい! と思った絵本

ブルッキーのひつじ

作:M.B. ゴフスタイン
訳:谷川俊太郎(GCプレス)

いてくれるだけで嬉しくなる。大好きな存在。素朴な絵と言葉からシンプルに愛おしく想う気持ちが溢れる。

絵本に目覚めた1冊

まりーちゃんとひつじ

文・絵:フランソワーズ
訳:与田準一(岩波書店)

小さなマリーちゃんと羊のぱたぽんは大の仲良し。リズミカルな原文の味わいを生かした絵本。

あまり知られていない押しの1冊

こころの家

文:キム・ヒギョン　絵:イヴォナ・フミエレフスカ　訳:かみやにじ(岩波書店)

目には見えないけれど、誰にでもあるこころ。詩的な言葉とイマジネーション豊かなイラストがこころを動かす。

孫に贈りたいロングセラー

ちいさいおうち

文・絵:バージニア・リー・バートン
訳:石井桃子(岩波書店)

変わりゆく景色、移りゆく時の中、静かに佇む小さなおうち。小さな絵本に込められた世界観を大切に伝えたい。

54 ひるねこBOOKS

東京都台東区谷中2-1-14-101　☎ 070-3107-6169
11:00〜20:00　休 火曜　P なし
HP https://www.hirunekobooks.com/

2016年オープン。児童書の出版社に勤めていた小張さんが営むとあって、セレクトがいい。店内には、古書をメインに、絵本、暮らしやアート、猫や北欧の本や雑貨が溢れる。ふらりと立ち寄り、つい長居してしまいたくなる街の陽だまりのような本屋。また各種リトルプレスやZINEも常時取り扱い、展示にあわせての作家作品の販売も。小さくも楽しい店だ。

ここ数年でいい! と思った絵本

みつけてくれる?

作・絵:松田奈那子
(あかね書房)

不安ととまどいを抱きながら、お姉ちゃんになることを受け入れていく女の子。よりそうネコと柔らかな色彩がやさしい。

絵本に目覚めた1冊

100万回生きたねこ

作・絵:佐野洋子
(講談社)

100万回も生きたねこが最後の生で辿り着いた愛することの幸せ。何度読み返しても新たな感動を覚える名作。

あまり知られていない押しの1冊

ねこくんとねずみくん ふたりでおでかけ

作・絵:やまぐちまりこ(虹色社)

仲良しふたりでお出かけをすることにしたのに、ねこくんの準備が大変で!一緒にいることの嬉しさが溢れる一冊。

孫に贈りたいロングセラー

いないいないばあ

文:松谷みよ子　絵:瀬川康男
(童心社)

日本で一番売れている絵本。はじめて赤ちゃんとコミュニケーションをとるのにぴったり。

\\ 絵本屋さんが選んだ //

PICTURE BOOK

to want to read now

【今、読みたい絵本】

今、読みたい絵本は、最新の絵本でも、ベストセラーでもなく、あの子のタイムリー。
例えば、食べ物に興味が出てきた頃、乗り物に乗った後、キャンプに行く前後、と
親子にとってタイムリーなことや好きなことこそ「今、読みたい絵本」。

『がたごと がたごと』
文:内田麟太郎　絵:西村繁男
(童心社)

電車好きな大人も喜ぶディテール。がたごとがたごと、れっしゃにゆられ、のをこえ、やまこえ、ずんずんいくと…。ふしぎな列車でござる。

\ 何処へ出かける? /

おでかけと冒険

男の子も女の子もおでかけや乗り物は大好き。
小さな子なら小さな子なりの、
大きな子には大きな子なりの大冒険が待っている。
実際に出かけたら、絵本よりももっと面白いことが待っているかも。
何処かへ出かけたくなる絵本をセレクト!

『でんしゃにのったよ』
作:岡本雄司(福音館書店)

さまざまな種類の電車や新幹線まで登場するシーンがあり、電車好きな子には見ているだけで楽しい文字のない絵本。

『でんしゃにのって』
作:とよたかずひこ(アリス館)

1人で電車に乗っておばあちゃんの所へおでかけ。ちょっと緊張しながら乗っていると動物たちが次々と乗りこんできて…。

『DX版 新幹線のたび
～はやぶさ・のぞみ・さくらで
日本縦断～特大日本地図つき』

作:コマヤスカン(講談社)

2014年10月新幹線開業50周年を記念した『新幹線のたび』豪華パノラマ日本地図付きデラックス版。空撮のような圧巻の日本地図!

『いちばんでんしゃの
うんてんし』

作:たけむら せんじ
絵:おおとも やすお(福音館書店)

乗客じゃなく運転士になった気分の電車ものならこれ。一番電車の終点から到着までを運転士目線で読める。

『チンチンでんしゃの
はしるまち』

作:横溝英一(福音館書店)

路線を走るチンチン電車。いつでも、ゆっくり走るチンチン電車は町並みの風景の一つ。長崎を舞台にその活躍を描いた92年刊の再刊。

『しごとば』

作:鈴木のりたけ
(ブロンズ新社)

子どもに人気の職業大集合。仕事道具や仕事の流れをユニークに紹介。作者の元職業でもある新幹線の運転士の1日は特に必見!

『ぼくしんかんせんに
のったんだ』

作:わたなべ しげお
絵:おおとも やすお (あかね書房)

くまたくんのえほんシリーズ作。初めて新幹線に乗るワクワク感が素直に伝わる。『ぼくじてんしゃにのれんるんだ』もおすすめ。

『エンソくんきしゃにのる』

作:スズキ コージ(福音館書店)

第36回小学館絵画賞受賞作。羊飼いと一緒にヒツジの群れも乗ってきてお弁当タイム。ありえないのに面白いスズキコージワールド全開!

『ぼくは あるいた まっすぐ まっすぐ』

文:マーガレット・ワイズ・ブラウン、坪井郁美
絵:林明子(ペンギン社)

おでかけ、冒険のテーマでは外せない作品。おばあちゃんの言葉通り、素直にまっすぐ歩いてお土産を拾って…ここがおばあちゃんのおうちかな?

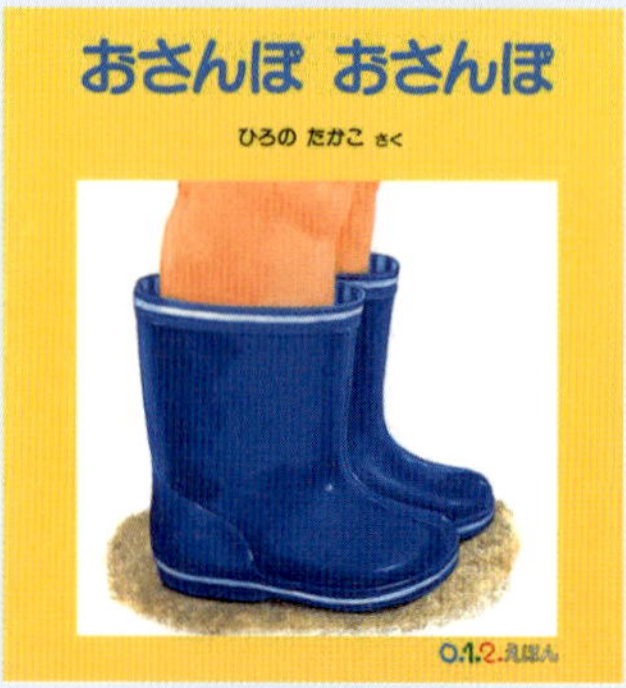

『おさんぽおさんぽ』

作:ひろの たかこ(福音館書店)

小さな子にとってみれば近所の散歩も立派な冒険。雨上がりに長靴で出かければ心躍る。小さな子におすすめの1冊。

『はじめてのおつかい』

作:筒井頼子
絵:林明子(福音館書店)

ママに頼まれて近所の店まで牛乳を買いに行くみいちゃん。途中で100円玉を落としてしまったり、店の人に気づいてもらえなかったり…。

『こんとあき』

作:林明子(福音館書店)

砂丘まちのおばあちゃんに会いに行くこんとあき。電車でのできごとや砂丘でのできごとが心に染みる。最後は本当によかった!

『きょうはみんなでクマがりだ!』

再話:マイケル・ローゼン
絵:ヘレン・オクセンバリー
訳:山口文生(評論社)

家族みんなでクマがりに出かける話。怖くなんかないぞ、と言いながら、草原を抜け、川を渡り、ドンドン進む。そしてとうとう…。

『ほしのかえりみち』

作:きたじま ごうき(絵本塾出版)

ダイナミックな絵と構図、次々と変化する乗り物のアイデアなど読んで空想が広がる楽しい物語。

『ちゃんがら町』

作:山本 孝(岩崎書店)

駄菓子屋から出入りする「ちゃんがら町」。かっぱ洞、お皿が池、ひみつ基地、商店街。少し不思議な世界が楽しい絵本。

『ピン・ポン・バス』

作:竹下文子　絵:鈴木まもる(偕成社)

駅前を出発したバスは、いろんな停留所でピンポンとなって止まる。少し田舎町ののどかなバスの旅。まるでこのバスに乗っているような気分が味わえる。

『パパが宇宙をみせてくれた』

作:ウルフ・スタルク　絵:エヴァ・エリクソン
訳:ひしき あきらこ(BL出版)

「宇宙って、いったいなんなの?」「この世界ぜんぶさ」。そういって、パパがぼくをつれていってくれたところは…?はじめてみる宇宙。パパとすごした時間。

『もりのなか』

文・絵:マリー・ホール・エッツ
訳:まさき るりこ(福音館書店)

紙の帽子をかぶり、新しいラッパを持って森へ散歩に出かけた男の子。ライオン、ゾウ、クマ、カンガルーと次々散歩に加わって…。

『おとうさんの地図』

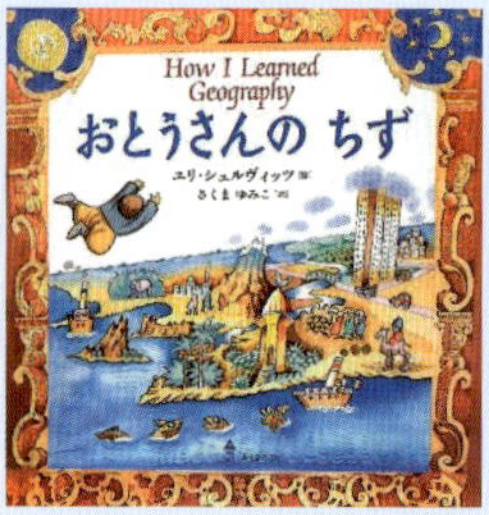

作:ユリ・シュルヴィッツ
訳:さくま ゆみこ（あすなろ書房）

戦争で故郷を追われ、辿り着いた過酷な東の国。その時、1枚の世界地図がくれた魔法の時間。シュルヴィッツの自伝。コールデコット賞銀賞受賞作。

『MAPS 新・世界図絵』

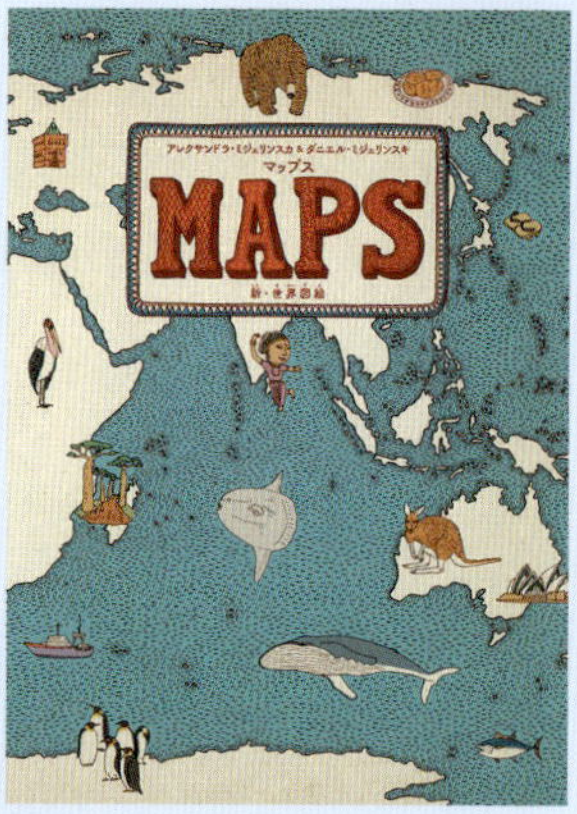

作・絵:アレキサンドラ・ミジェリンスカ、ダニエル・ミジェリンスキ
訳:徳間書店児童書編集部
（徳間書店）

4000以上のイラストで湖、河川、山、海などの地理情報が満載。世界198か国の国名と首都の場所を掲載。ポーランド発の大型地図絵本。

『せかいのひとびと』

絵・文:ピーター・スピアー
訳:松川 真弓（評論社）

世界中の人々の違いを丁寧に描いた大型絵本。肌の色、住んでる家、遊び、言葉…。世界は広くて多様性があると知る1冊。

『せかいのはてってどこですか?』

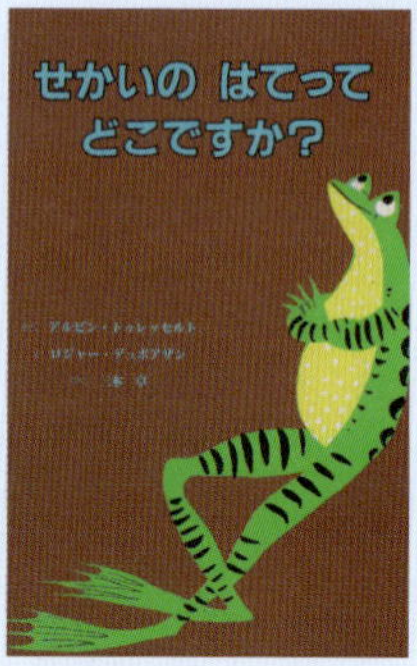

作:アルビン・トゥレッセルト
絵:ロジャー・デュボアザン
訳:三木卓（童話館出版）

自分が住んでいる井戸が世界のすべてと思っていたかえる。ある時、世界の果てを見ようと井戸の壁をのぼり見たものは…79年刊の復刊。

『まちにはいろんなかおがいて』

文・写真:佐々木マキ
（福音館書店）

町を歩いて見つけたこんな顔、あんな顔を写真と文で淡々とつづる絵本。この絵本を見た後は、今までただのマンホールや家だったモノが顔に見えるかも?

『貝の子プチキュー』

作:茨木のり子
絵:山内ふじ江（福音館書店）

プチキューは小さな貝の子どもで、いつもひとりぼっち。泣き虫だけど、勇気を出して一歩踏み出す。詩人・茨木のり子が残した唯一の絵本。

『チムとゆうかんなせんちょうさん』

作:エドワード・アーディゾーニ
訳:せた ていじ（福音館書店）

船乗りになりたくてたまらないチム。こっそり船に乗り込み、船員として辛い仕事をこなしていた時、嵐で船が座礁する。冒険絵本の名作。

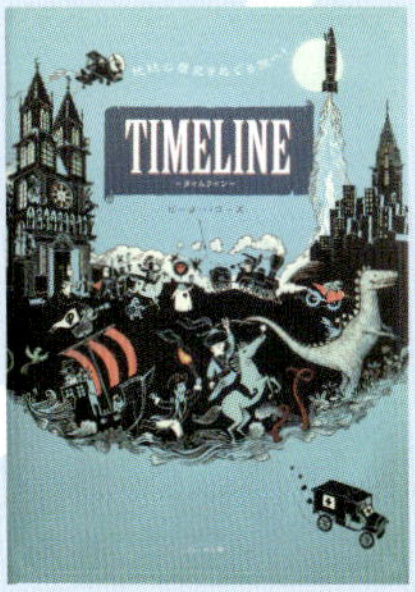

『TIMELINE タイムライン ―地球の歴史をめぐる旅へ!』

作:ピーター・ゴーズ(フレーベル館)

137億年前のビッグバンから、現在までの地球の歴史が、タイムラインで分かる。大人から子どもまで楽しめる歴史の入門書。知的好奇心がくすぐられる。

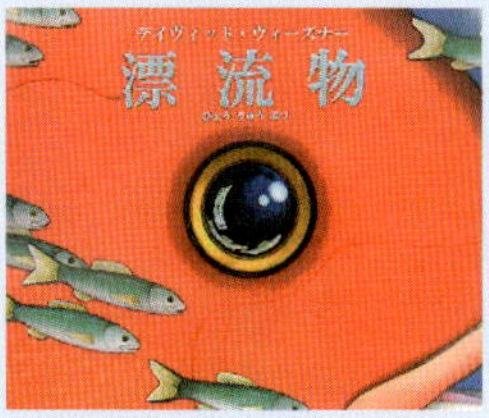

『漂流物』

作:デイヴィッド・ウィーズナー
(BL出版)

文字のない絵本。漂流物がどこかの浜辺に打ち上げられた。それを見つけた子はとても驚き、誰かに伝えたいと思い…。コールデコット賞受賞作品。

『ガラパゴス』

作:ジェイソン・チン
訳:福岡伸一(講談社)

600万年前に島ができて新しい生物が生まれる。まだ誰にも知らない場所があり、これを読むと何だか冒険に出かけてみたくなる。

『きっとみずのそば』

文:石津ちひろ
絵:荒井良二(文化出版局)

残されていた言葉を頼りに、いなくなってしまったワゾーを探しにパパと僕が世界中を旅して回り、最後に待っていたのは…。

『まほうの夏』

作:藤原一枝、はたこうしろう
絵:はたこうしろう(岩崎書店)

とても退屈な夏休み、僕と弟はおじさんのいる田舎へ。虫取りに海釣り。最後にはまっ黒に日焼け。今も昔も子どもは同じ。

『いえでをしたくなったので』

文:リーゼル・モーク・スコーペン
絵:ドリス・バーン 訳:松井るり子
(ほるぷ出版)

家出をしたくなったので荷物を詰めて兄弟みんなで引っ越した…。1969年にアメリカで刊行された絵本。子どもにとってはすごい冒険。

『ガンピーさんのふなあそび』

作:ジョン バーニンガム
訳:光吉夏弥(ほるぷ出版)

ガンピーさんが小舟で出かけたら、途中でウサギ、ネコ、イヌ、ブタたちが「乗せて下さい」と次々にやってきた。子ども心をくすぐる作品。

**『ねぎぼうずの
あさたろう』**

作:飯野和好(福音館書店)

ねぎぼうずのあさたろうはおようちゃんを悪い奴から救い、東海道の旅に出る。怪しい浪人はわさび、とうがらしの粉でやっつけた。

**『リンドバーグ
空飛ぶネズミの大冒険』**

作:トーベン・クールマン
訳:金原瑞人(ブロンズ新社)

20言語で翻訳出版された絵本。ハンブルグからニューヨークへ小さなネズミが、大西洋を飛んだ!言葉はないが、そのスリリングな描写に胸躍る。

**『じっちょりんの
あるくみち』**

作:かとうあじゅ(文溪堂)

じっちょりんが花や植物の種を道ばたやコンクリートの隙間に植えているという。何気ない日常の中にこそ冒険や発見があるのかも。

**『かぼちゃひこうせん
ぷっくらこ』**

作:レンナート・ヘルシング　絵:スベン・オットー
訳:奥田継夫、木村由利子(アリス館)

種を見つけた仲良しの大ぐまと子ぐま。早速庭に埋めてみると、なんと家より大きいかぼちゃに。何をしても楽しめる2匹の冒険。絵も愛らしい。

『こすずめのぼうけん』

作:ルース・エインズワース　絵:堀内誠一
訳:石井桃子(福音館書店)

お母さんに飛び方を教えてもらったこすずめは遠くまで飛んでしまう。途中、疲れて他の鳥の巣で休ませてもらおうとするが…。小さな子でも感情移入できそう。

『ぼくがとぶ』

作:佐々木マキ
(絵本館)

この作品は1975年に「こどものとも第231号」として発行されたものを復刊。表紙デザインもリニューアル。言葉も説明もないまま、みるみる空へ飛び立つ。

『かしこいビル』

作:ウィリアム・ニコルソン
訳:まつおかきょうこ、
よしだ しんいち(ペンギン社)

おばさんからの手紙で出かけることになった少女。荷作りするトランクには大切なものを全部詰めたはずが…。最後はちょっとホロリ。

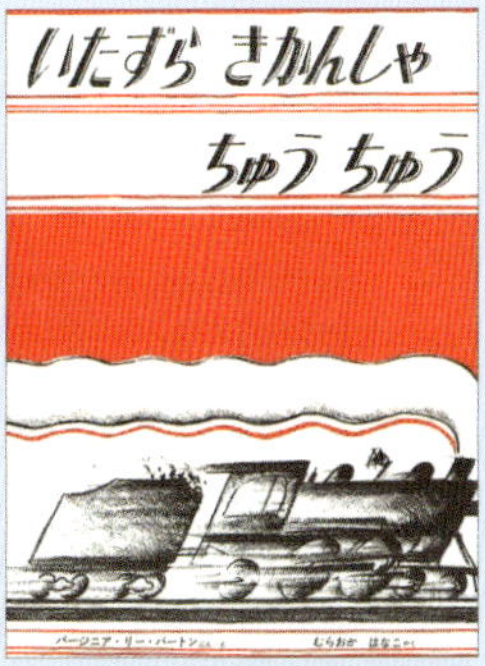

『いらずらきかんしゃちゅうちゅう』

文・絵:バージニア・リー・バートン
訳:村岡花子(福音館書店)

小さな機関車のちゅうちゅうは、ある日みんなの注目を集めたくて、ひとりだけで走り出す。みんなは驚き、怒り出し…。機関車の大冒険。

『ジャーニー 女の子とまほうのマーカー』

作:アーロン・ベッカー(講談社)

ニューヨーク各紙が絶賛した文字なし絵本。その絵と想像力がスゴイ。そのマーカーは彼女を大冒険へと導く魔法の杖だった。

©Aaron Becker

『ピーターのとおいみち』

絵:バーバラ・クーニー(講談社)
文:リー・キングマン　訳:三木卓

森の奥に住んでいるピーター。遊び相手はネコやヒツジで、人間の友達がいない。そこでピーターは友達を探しに遠い町まで出かける。

『夕あかりの国』

文:アストリッド・リンドグレーン
絵:マリット・テルンクヴィスト
訳:石井 登志子(徳間書店)

病気で歩けなくなりベッドで過ごしていた少年。するとある日の夕ぐれに窓を叩く音がして小さなおじさんが部屋に入ってきた。

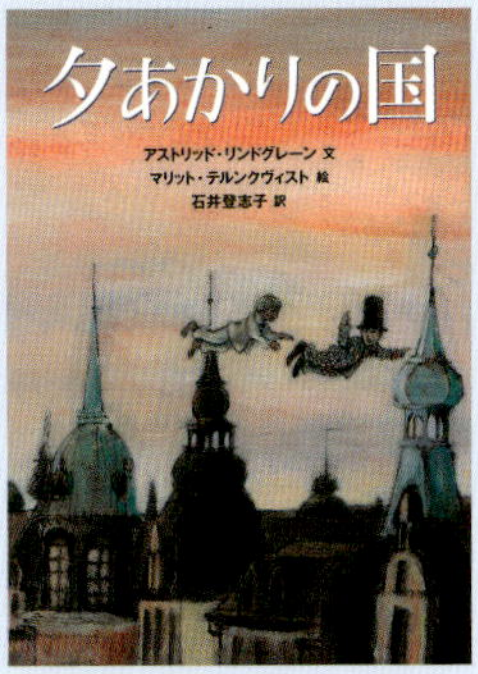

＼食いしん坊万歳！／

おいしそうな絵本

食べることは何より大事。
食事をし始めた赤ちゃんから、食いしん坊の子どもまで、
料理を作るのが大好きな子などが繰り返し読みたくなる、
おいしそうな料理やお菓子などが出てくる絵本を紹介！

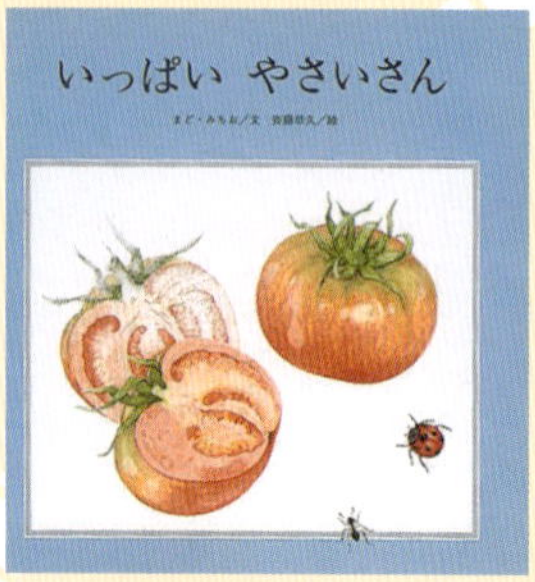

『いっぱい やさいさん』

文：まど・みちお
絵：斉藤恭久（至光社）

「きゅうりさんは　きゅうりさんなのが うれしいのね」。にんじんも、なすもそれぞれが自分であることに胸を張って輝いている。美味しそうな野菜の絵も魅力。

『くだもの』

作：平山和子（福音館書店）

食べ物のテーマでは外せない定番絵本。見事な絵と「どうぞ」の繰り返しが赤ちゃんから幼児にピッタリ。イチゴは摘まんで食べたくなるほど。

『バナナです』

作：川端誠（文化出版局）

木になっている青いバナナ、黄色くなったお店のバナナ、皮をむかれたおやつのバナナ、冷えたバナナのジュース。バナナも色々。姉妹本『いちごです』『りんごです』も。

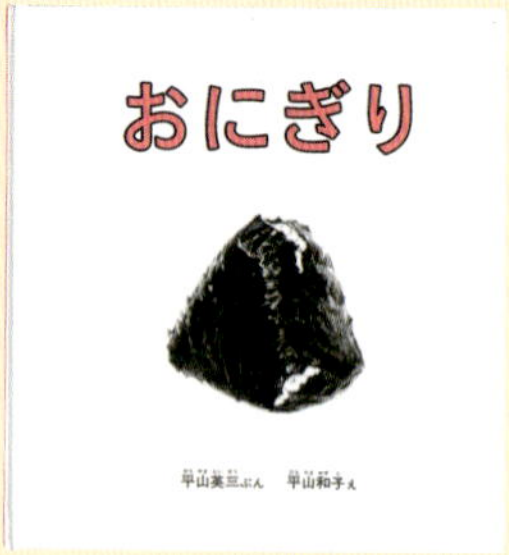

『おにぎり』

文：平山英三
絵：平山和子（福音館書店）

『くだもの』と同じタイプの手がアップのおにぎり版。手際良く握っていくさまは愛情そのもの。最後の完成したおにぎりは「写真？」と思うほど。

『あっちゃんあがつく』

作：さいとう しのぶ　原案：みね よう（リーブル）

あっちゃん　あがつく　あいすくりーむ　いっちゃん　いがつく　いちごじゃむ…。「あ」から「ん」まですべて食べ物。登場する食べ物の表情もユニーク。

『さあお客をよんでみよう！』

文:碧海酉癸、五味恭子、松田直子
絵:落合稜子、田中恒子
(復刊ドットコム)

「こどものりょうりえほん」シリーズ最終巻。おいしく懐かしいレシピが満載で、そこに出てくる絵がまたいい。料理を作るのが好きな親子に嬉しい一冊。

『おべんとう』

作:小西英子(福音館書店)

お弁当箱に何を入れる？最初は炊きたてのほかほかごはん。それからあつあつのミートボールにふんわり卵焼き。小さな子におすすめ。

『べべべん べんとう』

作:さいとう しのぶ(教育画劇)

数々のお弁当がおいしそう。「あっちゃんあがつく」でお馴染みの作者が遠足、運動会など大阪弁で紹介するとっても楽しい絵本。

『きょうのおべんとうなんだろな』

作:岸田衿子
絵:山脇百合子(福音館書店)

今日ののおべんとうなんだろな。ぶたくんのはバタつきポテト、うさぎさんたちのはにんじんにキャベツとりんごのサラダつき…。みんな大好きなお弁当。

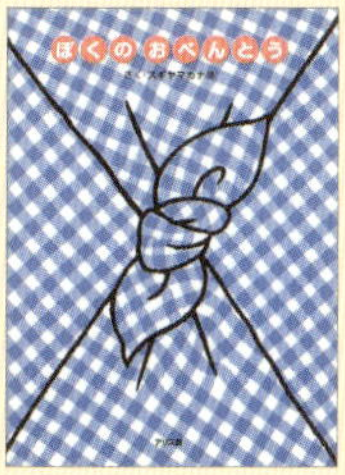

『わたしのおべんとう』『ぼくのおべんとう』

作:スギヤマカナヨ(アリス館)

楽しいおべんとうの時間。お弁当の中身がページをめくるたびに変わっていく、小さな子からおすすめのシンプル絵本。

『マフィンおばさんの
ぱんや』

作:竹林亜紀
絵:河本祥子(福音館書店)

マフィンおばさんのパン屋はいつも大はやり。店で働くアノダッテは自分もパンを焼いてみようとかまどにパン種を押し込むが…。ラストも温かい。

『パンやのコナコナ』

文:どいかや
絵:にきまゆ(ブロンズ新社)

コナコナのパン作りは畑に種を蒔くところから始まる。育てた小麦を収穫し、乾かして粉にしたら、秘密のおまじないをかけて一晩寝かせて…。

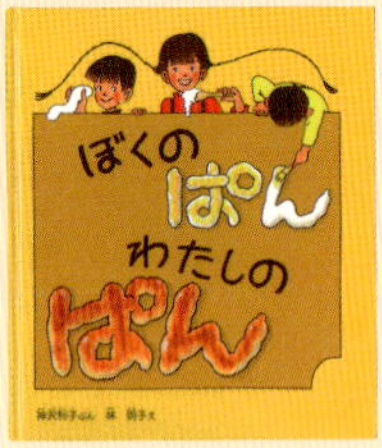

『ぼくのぱん
わたしのぱん』

文:神沢 利子　絵:林明子
(福音館書店)

パンは何から作る?小麦粉に塩に砂糖に水。ミルクやバターもあるといいね、といったリズミカルな文章。兄弟で作って、食べる様子がほほえましい。

『からすの
パンやさん』

作:かこ さとし(偕成社)

親子で楽しく読めるロングセラー絵本。特に面白いパンがたくさん並ぶシーンは圧巻。「私はこれ」と言いながら何度も楽しめる。

『おだんごぱん』

訳:せた ていじ
絵:わきた かず
(福音館書店)

ヨーロッパの代表的な民話。かまどからとびだしたおだんごぱんは、おじいさん、おばあさんや動物たちから、次つぎとうまく逃れてゆき…。

『ぱん だいすき』

文:征矢清　絵:ふくしまあきえ
(福音館書店)

小さな子は、絵本に手をのばして食べようとするほど。とにかく出てくるパンが全部おいしそう!単純な言葉も、小さな子に心地良いリズム。

『おひさまパン』

作:エリサ・クレヴェン
訳:江國香織(金の星社)

風や雪が吹き、街が淋しい灰色トーンに。そこでパン屋さんが思いついたのが太陽のように煌めく「おひさまパン」を作ること。見返しがステキ。

『サンドイッチ サンドイッチ』

作:小西英子(福音館書店)

サンドイッチを作ろう!パンにバターを塗って、しゃきしゃきレタスに真っ赤なトマト、大きなチーズをのせたら、次は何をのせようかな?

『ジャイアントジャムサンド』

文・絵:ジョン・ヴァーノン・ロード
訳:安西 徹雄(アリス館)

ハチの被害に耐えかねて、駆除作戦として考えた村を挙げての一大プロジェクトとは? ジャムサンド好きと子どもにはたまらない絵本。

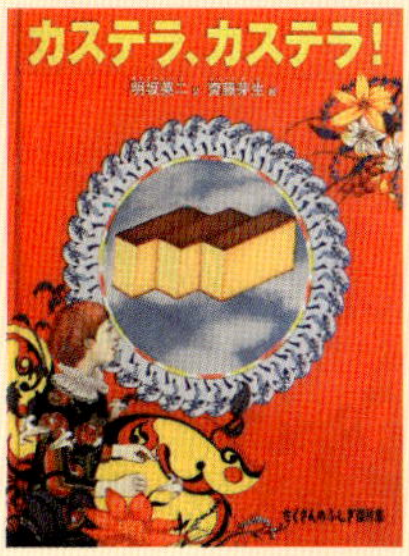

『カステラ、カステラ!』

文:明坂英二 絵:齋藤芽生
(福音館書店)

ふんわり、甘いカステラ。遠い昔、海の向こうからやってきたお菓子が、日本のお菓子「カステラ」になるまでの物語。甘党のお父さんにもおすすめ。

『がまんのケーキ』

作:かがくいひろし
(教育画劇)

すぐに食べたいのに食べられないケーキを前に誰もが経験したことのある体験。本を読んだ後はケーキが食べたくなる!

『ぐりとぐら』

作:なかがわ りえこ
絵:おおむら ゆりこ(福音館書店)

料理といえば外せないのが、ぐりとぐら。大きなたまごを発見し、朝から晩まで食べてもなくならないほど大きなカステラを作って食べるシーンが最高。

『ケーキになあれ』

作:ふじもと のりこ(BL出版)

いろんなくだものにおいしい魔法をかけましょう。ちちんぷいぷいケーキになあれ!ケーキが好きな子ならきっとお気に入りになる一冊。小さい子にもピッタリ。

『しろくまちゃんのほっとけーき』

作:わかやま けん(こぐま社)

人気シリーズの代表作。しろくまちゃんがお母さんと一緒に「ぽたあん」「ぷつぷつ」「しゅっ」「ぺたん」とホットケーキを焼くシーンはみんな大好き。

『おいしいおと』

文:三宮麻由子
絵:ふくしま あきえ(福音館書店)

はるまきを食べるとどんな音?料理そのものもおいしそうに描かれているけれど、音に注目した面白さ。本当に食べたくなる絵本。

『きょうのごはん』

作:加藤休ミ(偕成社)

クレパスとクレヨンで描いたサンマ、カレー、コロッケのおいしそうなことといったら!次々お隣のおうちの晩ご飯を覗き見しているのは一体?

『ハンバーグ ハンバーグ』

作:武田美穂(ほるぷ出版)

ハンバーグができあがるまでをひたすら描いた絵本。それがとってもおいしそう。同じ作者の『パパ・カレー』『オムライス　ヘイ!』もおすすめ。

『ぼくんちカレーライス』

作:つちだのぶこ(佼成出版社)

今日のご飯何がいい?食べたくなったら、もうとまらない。小さな子どもから大人まで楽しめる。これを読んだ後はカレーで決まり。

『ひみつの
カレーライス』

作:井上荒野
絵:田中清代 (アリス館)

カレーの種から芽がはえて、お皿のはっぱに、ふくじんづけの花がさき…。直木賞作家・井上荒野さんが手がける初めての絵本。カレーが食べたい!

『ぎょうざつくったの』

文・絵:きむらよしお(福音館書店)

ぎょうざが食べたくなったウナちゃんは作り方を知っている人を捜す。「ぎょうざならまかしとき」というズウちゃんの指導のもと作り始めたが…。

『いかりのギョーザ』

作:苅田澄子
絵:大島妙子(佼成出版社)

かわはぱりっ､にくじるがじゅわー。秘密の方法で焼き上げる、ブブコさん特製のギョーザ。意外なギョーザの焼き方が笑える絵本。

『はじめてつくるかんこくりょうり』

作:ペ ヨンヒ　絵:チョン ユジョン
訳:かみや にじ (福音館書店)

プルコギ、チヂミなど韓国料理が作れる絵本。歌うような説明も楽しく、意外と簡単。異なる文化を知ることで親しみが持てるかも。

『ピッキーとポッキー』

文:嵐山光三郎
絵:安西水丸(福音館書店)

うさぎのピッキーとポッキーはもぐらのふうちゃんといっしょにお花見。お弁当はすみれのサンドイッチ、木の実のジュース。懐かしく愉快な絵本。

『もりのケーキ』

文:さはらゆうき　絵:もりのみさこ
(マイルスタッフ)

森の中で毎日100個ものケーキを作るミス・ショコラ。木の実を集めてお菓子作りをするシーンや、ケーキが並ぶページを見ていると食べたくなる!

『ゆうちゃんのみきさーしゃ』

作:村山裕子　絵:片山健(福音館書店)

ゆかいなミキサー車、何でもおなかにぶちこんで、ごろごろまわせばたちまちに、すてきなお菓子ができあがる。子どもには夢のような乗り物。

『おいしいえほん (ももちゃん・はなちゃんシリーズ)』

作:つちだ よしはる
(リーブル)

ももちゃんとはなちゃんは食べものの国へ。りんご、クッキー、ジュースにハンバーガー、ラーメン、スパゲッティ…。小さな子が好きな食べ物絵本。

『わたしのおふね マギーB』

作・絵:アイリーン・ハース
訳:うちだりさこ(福音館書店)

マーガレットは弟と一緒に船に乗っていた。デッキには小さな畑があって、網で魚やエビをとり、晩ご飯は野菜や魚を煮たシチュー。その描写がおいしそう!

『モグラくんとセミのこくん』

作:ふくざわゆみこ(福音館書店)

やさしいタッチの絵で描かれた迷子のセミのこくんとモグラくんの友情物語。地面の下での御馳走は本当においしそう。ラストはちょっと感動的。

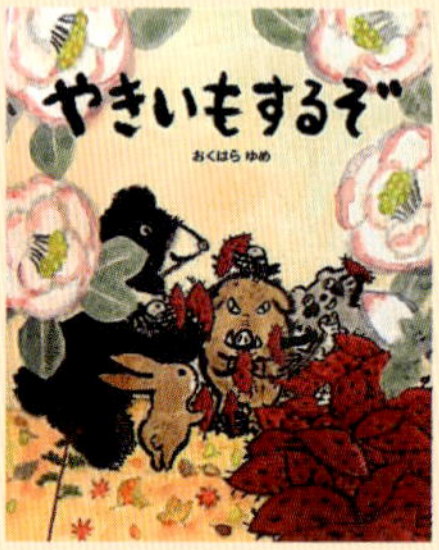

『やきいもするぞ』

作:おくはら ゆめ(ゴブリン書房)

森のみんなは、やきいもが大好き。おなかいっぱい食べたあとはオナラ大会のはじまり。かわいいオナラ、元気なオナラ、踊りたくなるオナラ…。

『おばさんのごちそう』

作:五味太郎(絵本館)

おばさんは料理の名人。小麦粉にミルク、たまごにハム。ピーッ。できあがった料理をとり出すと…。遊び心たっぷりな、おばさんの魔法にびっくり!

『ねこのかあさんのあさごはん』

作:どい かや(小学館)

ねこのかあさんは毎朝大忙し。曜日ごとのできごとも交えて、できあがった朝ご飯を家族で囲む。今日のメニューは何かな?レシピ付き。

『おやまごはん』

作:西内ミナミ　絵:和歌山静子
(偕成社)

小さな子が読んでほしがる絵本。包丁が歌うと野菜が刻まれ、フライパンの魔法がかかったらできあがり!ごはんができあがる過程をリズミカルに描く。

『もりのおくのおちゃかいへ』

作:みやこしあきこ(偕成社)

ひみつのお茶会。おばあちゃんのいえにケーキを届けに行くところ。おつかいのとちゅうでキッコちゃんがまよいこんだのは?

『よもぎだんご』

作:さとう わきこ（福音館書店）

おいしいものといえば「ばばばあちゃん」のシリーズ。野草の香りいっぱいのよもぎだんごを作る話。その他、アイス・パーティ、おもちつき、やきいもたいかいなどもある。

『やまこえのこえかわこえて』

作:こいで やすこ（福音館書店）

満月の夜遅くに、きつねのきっこは山こえ野こえ川こえて、町まで買い物に。買ったのは油揚げ100枚。ふっくら握ったいなり寿司がおいしそう!

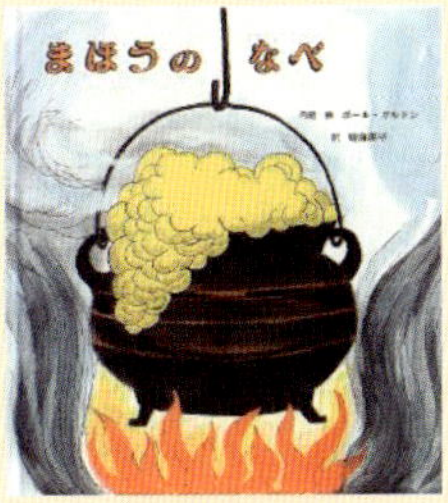

『まほうのなべ』

作:ポール・ガルドン
訳:晴海耕平（童話館出版）

森へ食べ物を探しに行った女の子。イチゴ一粒見つけられず泣き出すと、マントを着たおばあさんが現れて…。読み終るとオートミールが食べたくなる。

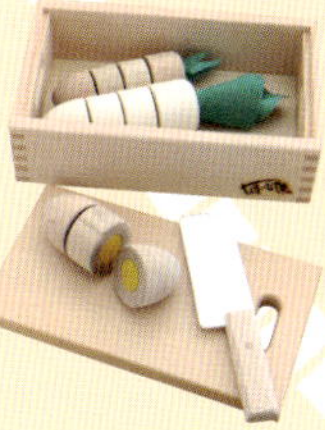

『ゼラルダと人喰い鬼』

作:トミー・ウンゲラー
訳:たむら りゅういち、あそうくみ（評論社）

子どもをさらって食べてしまう恐ろしい人喰い鬼が、ゼラルダの作るおいしい御馳走で優しい人に変わっていく痛快な話。料理の力は偉大!

『ラージャのカレー』

作:国松エリカ（偕成社）

南の島の暑い空気の中をのんびりと流れる時間がそのまま描かれたような絵本。人も動物も村もみんな表情がステキ。

『わにわにのごちそう』

文:小風 さち
絵:山口マオ（福音館書店）

愛らしく子どもっぽい「わにわに」が、手作り料理に挑戦します。冷蔵庫をあけ、中から取り出したのは大きな鶏肉。いや、美味かったこと!「わにわに」シリーズの第2弾。

『野遊びを楽しむ里山百年図鑑』

著:松岡達英(小学館)

古き良き日本の里山を感じさせる一冊。虫だけでなく、他の里山の生き物も多く出てくる。絵が詳細でぐっとくる。

\ すべてが不思議 /

身近な生き物

キラキラ七色に光る背中や
アートのように美しい模様などを備えた虫。
空を飛んだり、跳ねたり、もぐったりする鳥や魚。
生き物ほど子どもの興味をそそる不思議な物はない。

『ずら〜りイモムシ』

著:高岡昌江　写真:安田守(アリス館)

こちらは図鑑というより、小さな子どもにも分かりやすく解説しているイモムシの絵本サイズの本。大人も面白く読める。

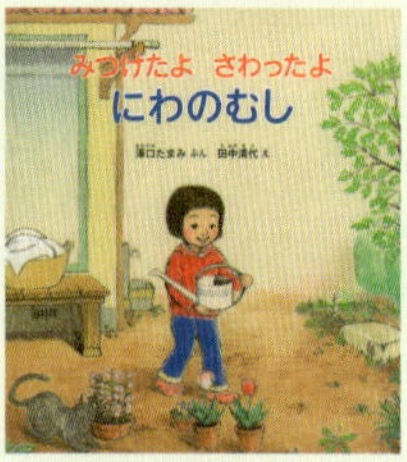

『みつけたよ さわったよ にわのむし』

文:澤口たまみ
絵:田中清代(福音館書店)

絵本の体裁でありつつ、誌面で登場する虫のことを詳しく解説。女の子と母親のやりとりで見せる珍しい流れで小さな子に読みやすい。

『夏の虫 夏の花
645種の身近な生きものの世界』

文:奥本大三郎
絵:たかはしきよし(福音館書店)

絵本のような体裁。面白いのは、夏のこの時期にはこんな花の近くに、こんな虫を見ることができるという切り口。作者の優しい眼差しを感じる。

『昆虫 ちいさななかまたち』

文・絵:得田之久(福音館書店)

普通なら実際にはなかなか見られない巣の中のシーンなどを淡々と細密に描く。文字よりも、絵の展開で見せる科学の本。

『昆虫の生活』

著:松岡達英(幻冬舎)

丘・山頂、花だん・公園、森・山道、池、川原の砂利・草原の5つの場所の風景と、そこに暮らす昆虫たちを精密なイラストで解説する昆虫絵本。

『今森光彦の昆虫教室
くらしとかいかた』

作:今森光彦　絵:廣野研一
(童心社)

昆虫写真家として知られる著者の、実体験による虫の飼い方がとても丁寧で参考になる。同シリーズの「とりかた・みつけかた」と合わせて読みたい。

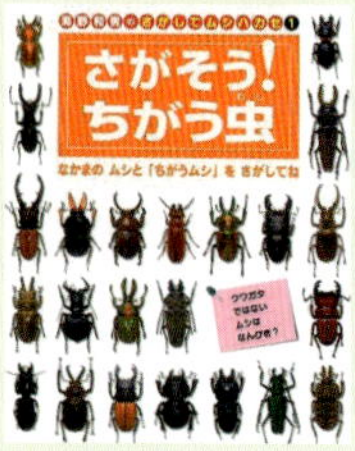

『海野和男のさがしてムシハカセ〈1〉さがそう！ちがう虫』

著:海野和男（偕成社）

クイズ感覚で似た虫をズラリと並べて、次のページに答えがあるという少し変わった切り口の図鑑。大人も答えを間違えまくる!

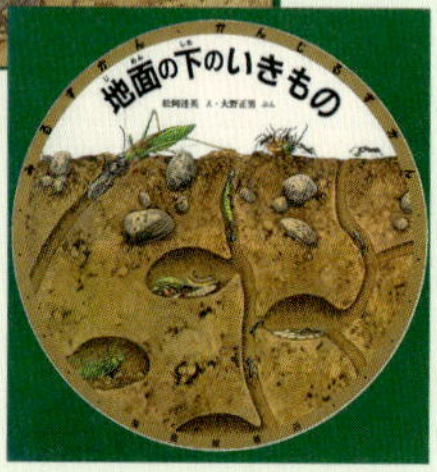

『地面の下のいきもの』

文:大野正男　絵:松岡達英（福音館書店）

普段は見ることができない地面の下にいる生き物の暮らしや生態などを、分かりやすい細密画で描いた小さい子にもおすすめの科学の絵本。

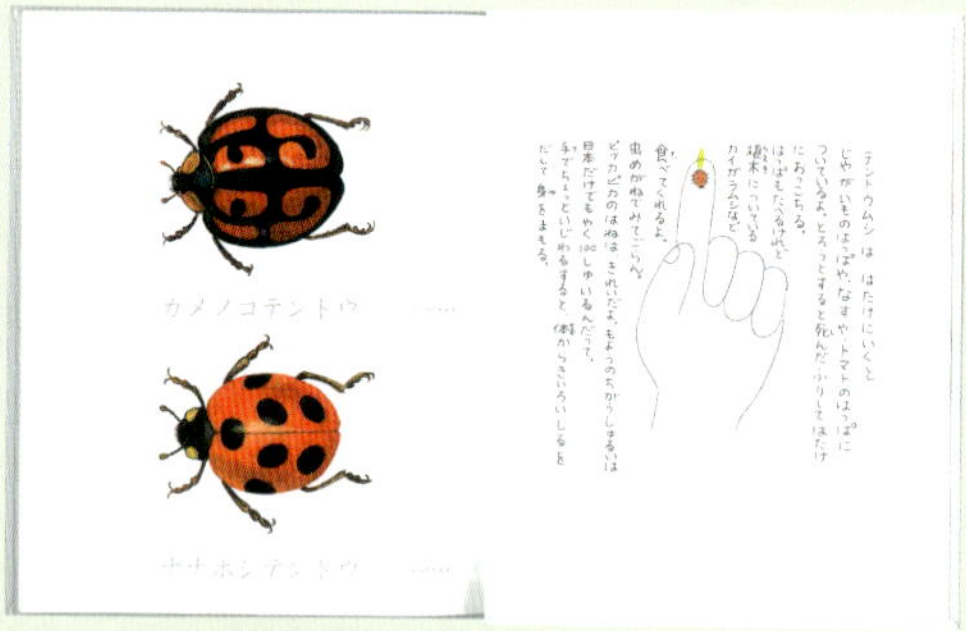

『だんごむしのおうち』

文:澤口たまみ
絵:たしろちさと（福音館書店）

だんごむし、いっぱいみつけたよ。じめんにまるをかいて、「はいっ、ここがだんごむしのおうち」。あっ、そとにでちゃだめ!なんて親子で共感できる絵本。

『昆虫とあそぼう】

作・絵:とだこうしろう
（戸田デザイン研究室）

知育絵本で知られる戸田幸四郎はポップなタッチだが、こちらはリアル。愛あふれる絵と文から同氏の子どもへ向けたメッセージが感じられる。

『安永一正の昆虫　INSECT』

著:安永一正（フレーベル館）

目がいい大人でさえ写真かと思うほどの究極の精密画。図鑑というよりも画集要素も強いが、この絵を眺めるだけで感動。昆虫愛を感じる。

『いもむしってね…』

文:澤口たまみ　絵:あずみ虫(福音館書店)

昆虫の絵本作家としては外せない澤口たまみさんの科学の絵本。絵はシンプルながらも、飼ったことのある人しか描けない物語。

『あげは』

作:小林勇(福音館書店) ※品切、重版未定

アゲハチョウだけに集中して話が進む、小さな子向けの科学の絵本。虫の中では女の子でも入りやすいアゲハチョウなので、入門としてもいいかも。

『つちはんみょう』

作:舘野鴻(偕成社)

ツチハンミョウは卵から生まれると、体長1ミリにも満たない小さな幼虫の時期に虫にとりつき寄生先となるハチの巣に辿り着く。マニアックな一冊。

『アリからみると』

文:桑原隆一

写真:栗林慧(福音館書店)

アリから見た目線で他の昆虫たちに出会うとどう見えるのか、虫たちが驚くべき姿勢でジャンプし、飛翔する瞬間などを写した写真絵本。

『あまがえるとうさんといく はじめての昆虫採集』

著:まつおかたかひで(ポプラ社)

このジャンルでは珍しい、簡単な仕掛けがある科学の絵本。内容が身近で、絵もリアルすぎないので、虫嫌いなママ向け。

『あれあれ?そっくり!』

著:今森光彦(ブロンズ新社)

昆虫の写真絵本。知識に触れている訳ではないが、何かにそっくりという視点でどこに虫がいるかを探す楽しい一冊。

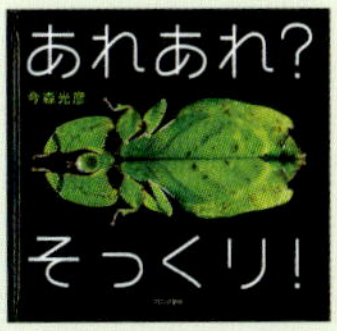

『じめんのうえとじめんのした』

文・絵・イラスト:アーマE・ウェバー
翻訳:藤枝澪子(福音館書店)

動物や植物が、地面の上と下をうまく使い分けて生活している様子を単純明快に描いた科学の絵本。自然の興味の芽生えに。

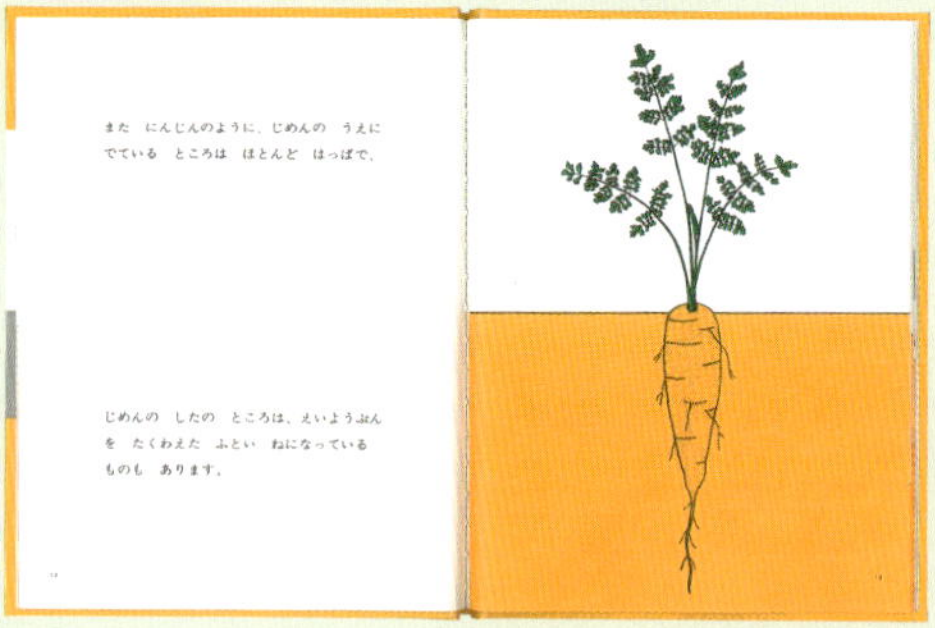

『野の草花』

文:古矢一穂　絵:高森登志夫(福音館書店)

1982年刊。美しい絵と簡潔な文で紹介する絵本図鑑。春から冬への季節の移り変わりの中で見られる身近な草花を環境ごとに見せる。

『野あそびずかん』

作:松岡達英(福音館書店)

自然を楽しみ、里山の人とも付き合うようになれば、もう最高。この図鑑には、野あそびのヒントが満載。

『校庭のざっ草』

作:有沢重雄　絵:松岡真澄
(福音館書店)

校庭のすみ、あき地や道ばたなど自然に生えている身近な雑草95種を丁寧にスケッチし、花の色やつるの形などから名前を知ることができる便利な絵本。

『のはらのずかん 野の花と虫たち』

作:長谷川哲雄(岩崎書店)※在庫少

田畑のあぜ道や小川のほとり、道ばたや空き地、それに草原や湿地に咲く植物を季節ごとに、そこに生きる昆虫などもふくめて紹介。

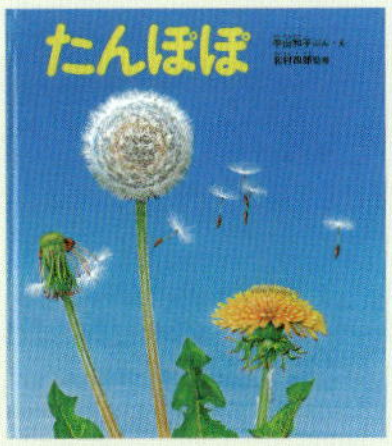

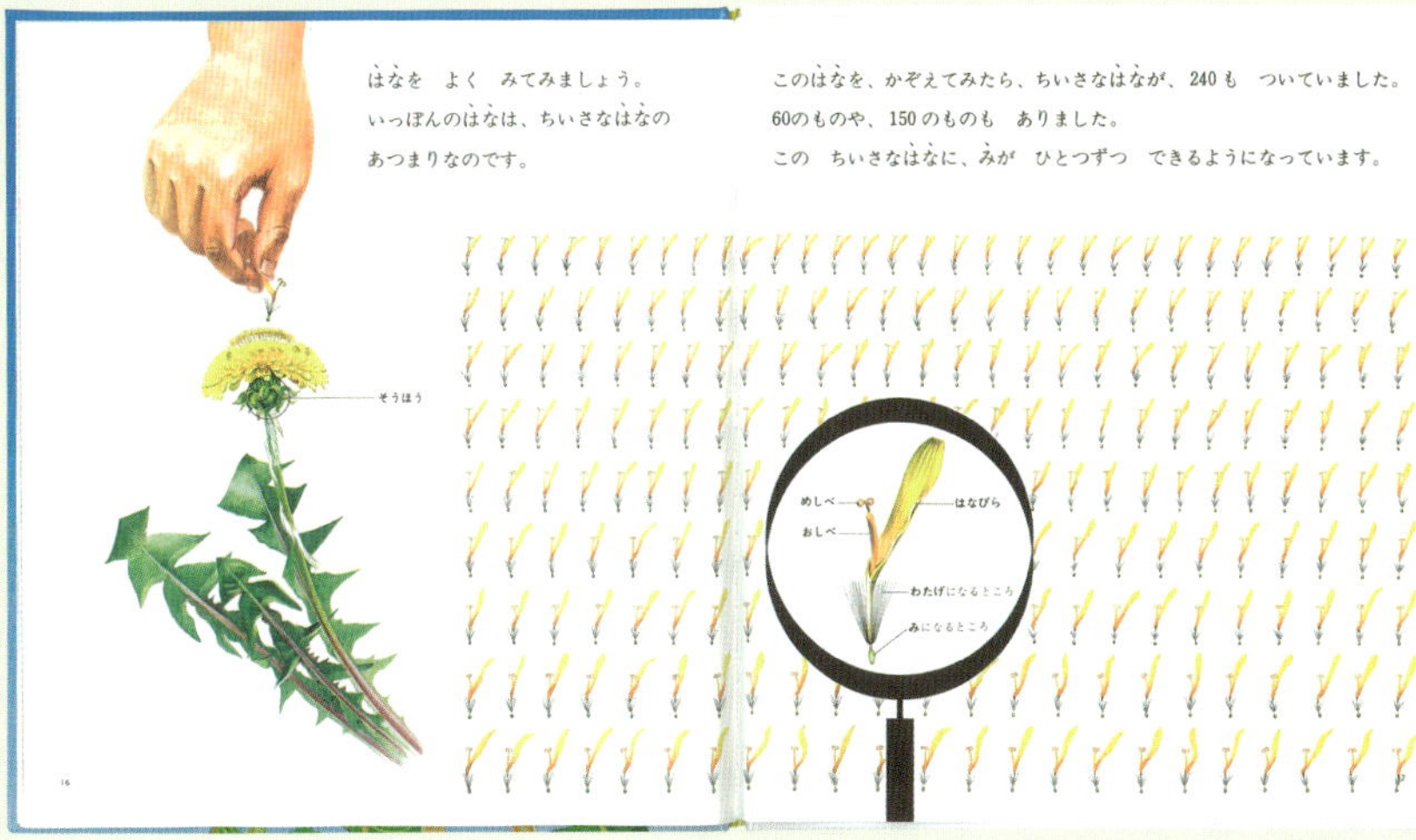

『たんぽぽ』

文・絵:平山和子　監修:北村四郎
（福音館書店）

タンポポの生態の不思議を、長年にわたる観察と写生をもとに見事に描く科学の絵本。実物大に描かれた80センチをこえるタンポポの根は圧巻! 小さな子にはまずはここから。

『きのこの絵本』

文・絵:小林路子（ハッピーオウル社）

森に生えるきのこから毒きのこまで、ボタニカルアートの世界観で描き、解説する大人にも響きそうな科学の絵本。少しファンタジーな雰囲気も。

『きいちごだより』

絵:古矢一穂　文:岸田衿子
（福音館書店）

身近なきいちごの違いや特徴を、動物達の手紙という手法で見せている絵本。文もほっこりするが、繊細に描かれた実物大のきいちご図鑑としても使える。

『木の本』

文:萩原信介　絵:高森登志夫
（福音館書店）

身近な木143種を美しい絵で紹介。葉っぱ、種など、一つ一つ詳細で子どもにも分かりやすい樹木絵本の決定版。

『木の図鑑』　※品切、重版未定

作:長谷川哲雄（岩崎書店）

細密画の絵本体裁。樹木の名前を知るだけでなく、その生活の仕方や花や実の形などから他の生物や環境との関わりについても知ることができる。

『木の実ノート』

作:いわさゆうこ
(文化出版局)

庭や公園や野原の木になる実を中心に、役に立つもの、不思議な形のものなど約150種を紹介。イラストで情報満載の図鑑絵本。

『森のずかん』

作:松岡達英(福音館書店)

草花だけでなく、森で出会う生き物、キャンプなど、さまざまなことに触れる。漫画のコマのようになるページもあり、見応えあり。

『ふしぎな鳥の巣』

文・絵:鈴木まもる(偕成社)

鳥の巣は、鳥にとって一番大切な卵やヒナを安全に育てる場所。親鳥は敵に襲われないよう、寒さから卵やヒナを守る。巣に施すいろんな工夫が分かる科学の絵本。

『たねのずかん とぶ・はじける・くっつく』

文:古矢一穂
絵:高森登志夫(福音館書店)

風にとばされたり、はじけとんだり、水や動物に運ばれて旅をする種。遠くへ運ばれる仕掛けを持つ種122種を描く図鑑絵本。

『野や山にすむ動物たち 日本の哺乳類』

作・薮内正幸(岩崎書店)

日本の野山にすむ哺乳類50余種を、動物を描いて定評のある著者の美しく精緻な絵で紹介する珍しい哺乳類の絵本図鑑。

『たねいっぱいわらったね』

作:近藤薫美子(アリス館)

静けさのある細密画とは対照的な、賑やかに描き込まれた絵。植物の種がはじけ、こぼれ、風にのって飛ばされる様子が分かる科学の絵本。

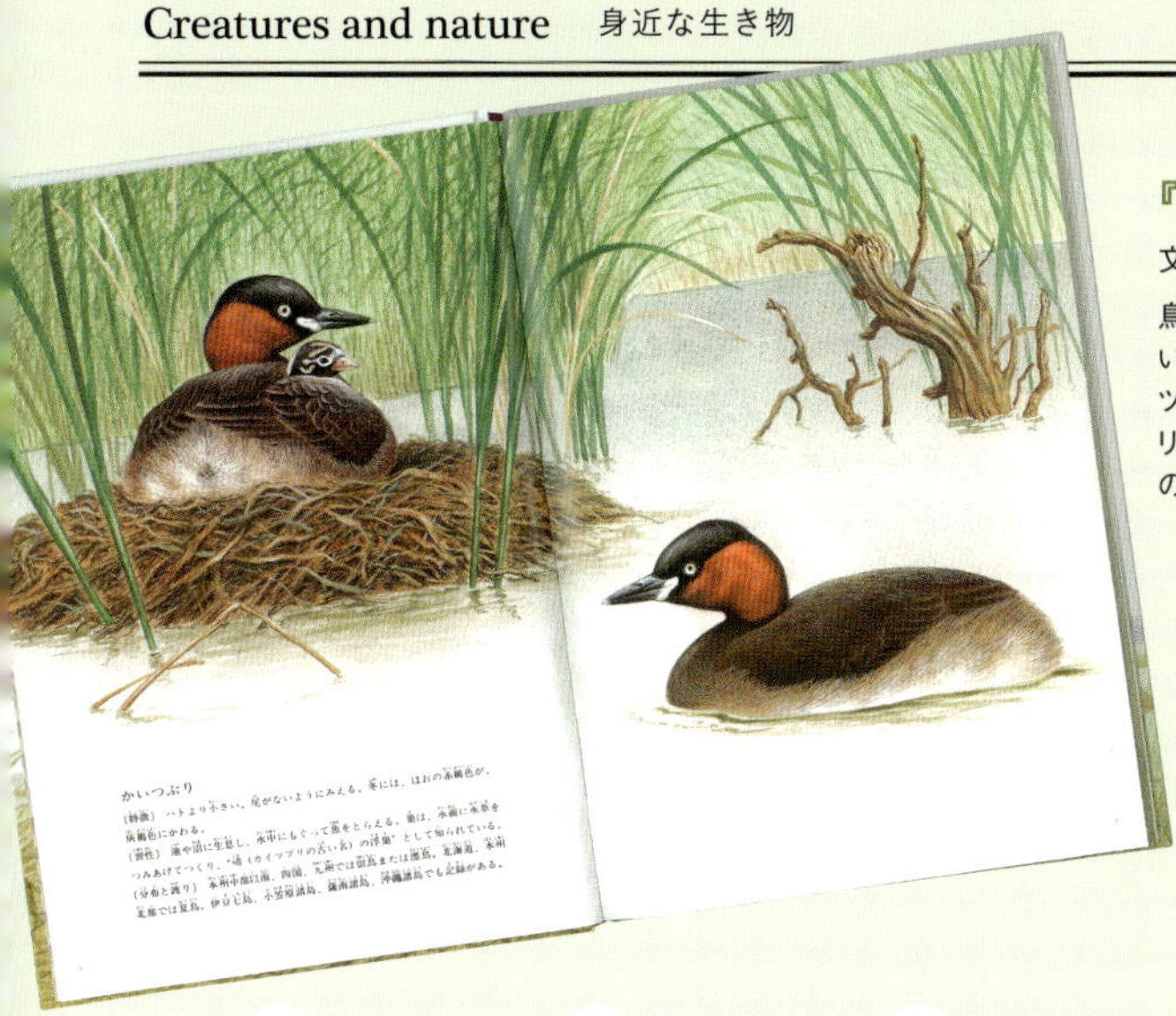

『かわやぬまのとり』

文・絵:薮内正幸(福音館書店)

鳥の細密画といえばこの人、という作者のシリーズから一冊。ツルのなかまをはじめ、カイツブリ、マガンなど50種の川や沼の鳥を紹介。絵が素晴らしい。

『鳥のなき声ずかん』

文・絵:薮内正幸　文字: 佐藤聡明

音: 篠原栄太(福音館書店)

カワセミ、ツルなど60種の鳥の鳴き声を、最初は声を楽しい文字だけ描き、次のページに分かりやすい絵で答えを紹介したバード・ヒアリング・ガイド。

『かわ』

作・絵:加古里子(福音館書店)

川の絵本といえば、これ、というようなロングセラー。山奥で川が誕生し、山を下り、平野部を流れ、最後に海へ。周辺の様子も細かく描いた知識絵本。

『この羽だれの羽?』

作・絵:おおたぐろまり(偕成社)

身近に落ちている鳥の羽が、何の鳥の羽なのかがわかる絵本図鑑。世界の鳥の羽図鑑の他、鳥の羽にまつわるさまざまな話題も満載。

『かわ』

作:鈴木のりたけ(幻冬舎)

日本の川の上流から海へ向かい、145種の生き物たちから見た視点で紹介する絵本。図鑑並みの精密画で描かれた魚に対して、上にいる人間の様子が面白い。

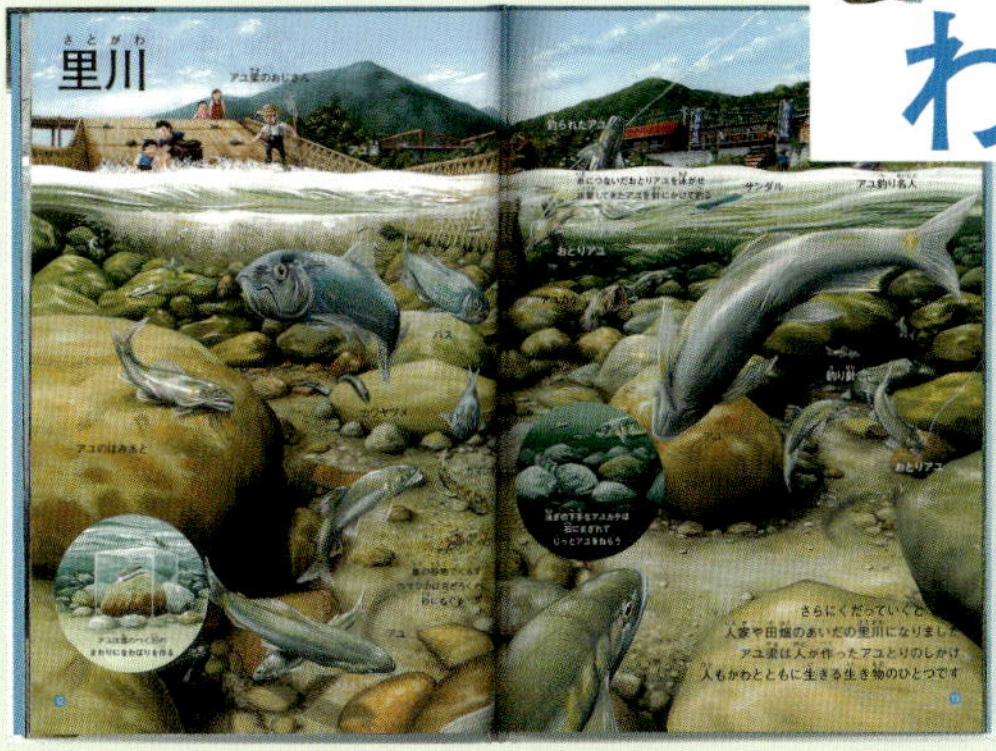

『水草の森 プランクトンの絵本』

絵・文:今森洋輔(岩崎書店)

ミジンコをはじめとする淡水性プランクトンを中心に描いた図鑑絵本。今森洋輔さんが描くミクロの世界は、まるでアートのよう。知識が進んできた子に。

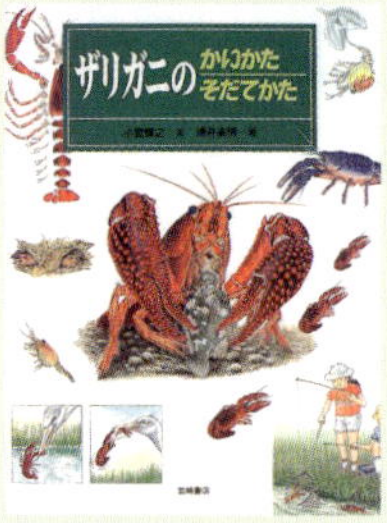

『ざりがに』

文・絵:吉崎正巳　監修:須甲鉄也（福音館書店）

絵本ならではのグロテスクすぎない表現で、親子で読むのに適したザリガニの本。初めて読むザリガニの絵本としては知識量もちょうどいい。

『ザリガニのかいかたそだてかた』

文:小宮輝之　絵:浅井粂男（岩崎書店）※品切、重版未定

数あるザリガニ関連の本の中でも、飼育に関することではとりわけ分かりやすく、情報も充実。知らないことがたくさん載っている。写真よりも絵である意味を感じる。

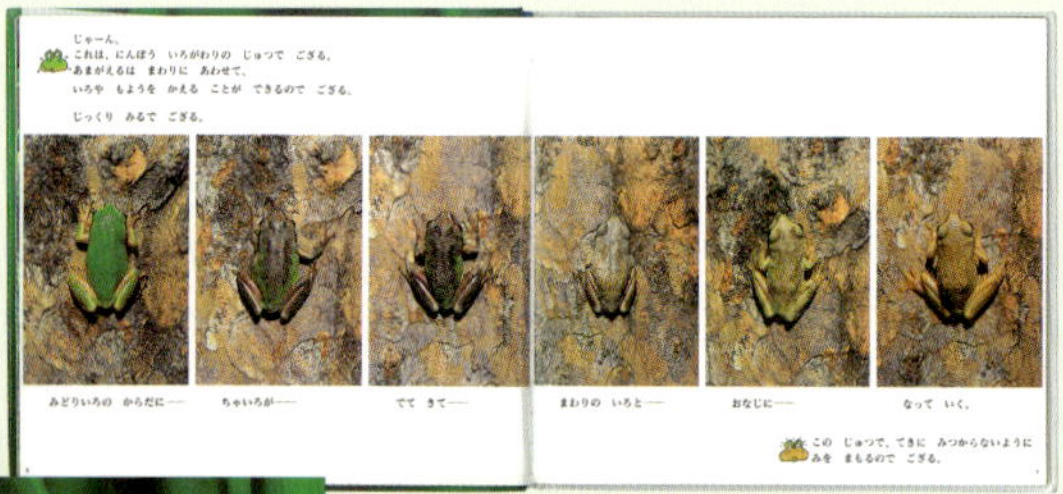

『にんじゃ　あまがえる』※品切、重版未定

監修:松井 孝爾　写真:榎本 功（ひさかたチャイルド）

忍者のように、その場所ごとに体の色を同化させ、見事に雲がくれする写真がお見事。カメレオンみたいに変身するんだ、と親子で楽しめる。

『オタマジャクシの尾はどこへきえた』

文:山本かずとし　絵:畑中富美子（大日本図書）

オタマジャクシに足が生え、カエルになっていく変化をお話仕立てで分かりやすく解説している科学の絵本。生々しいのが苦手なお母さんにいいかも。

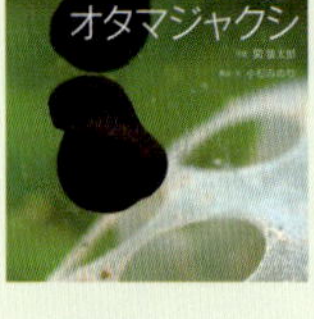

『うまれたよ！オタマジャクシ』

写真:関慎太郎　構成・文:小杉みのり（岩崎書店）

大きめの絵本に、これでもかというほど丁寧に、卵の中の黒いつぶつぶつぶがオタマジャクシに変身するさまを写していて、何だか親近感がわく一冊。

『アマガエルとくらす』

文:山内祥子　絵:片山健（福音館書店）

ある日、偶然家に住みついたアマガエルと、結局14年間も一緒に暮らすことになった話。ラストは心が動かされる。絵もよく、他とは違った視点が面白い。

『らっこ』

指導:藤巻康年　絵:米津景太（フレーベル館）

とにかく「可愛い!」と思わず頬ずりしたくなるラッコの絵の数々。さらに意外な生態についても見やすく解説。大人も子どもも楽しめる一冊。

『浜辺のたからさがし』

文:浜口哲一　絵:松岡達英（福音館書店）

貝殻や木の実、外国から流れて来たペットボトルなど、浜辺は思いがけない場所とつながっている、ということに気づかされる絵本。好奇心がくすぐられる。

『海のこと』

文:キャスリン・シル　絵:ジョン・シル
翻訳:原田佐和子（玉川大学出版部）

「海底には、世界一高い山や、世界一深い谷もあります」など、シンプルでハッとさせられる説明と美しい細密画。独特な静けさを持つ。巻末に解説付き。

『海』

文・絵:加古里子（福音館書店）

最初は子どもが泳ぐ浅瀬から、ページを追うごとに、少しずつ深い海へと移動して、遠い海の様子が描かれている絵本。絵でなければ表現できない世界観。

『海辺のずかん』

作:松岡達英（福音館書店）

自然絵本ならこのシリーズは外せない。魚貝類、海草、鳥、花など、海辺で観察できる動植物と、料理の仕方や道具の作り方まで。お父さんも好きなはず!

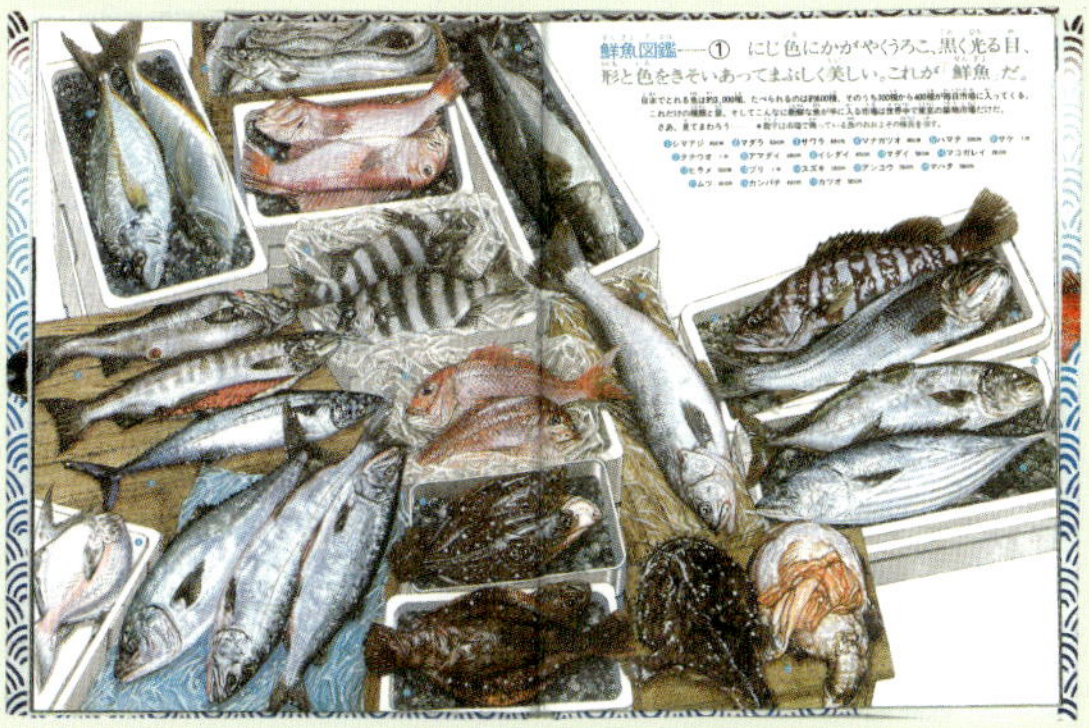

『魚市場』

構成・絵:沢田重隆（評論社）

「魚市場」は築地市場の様子を緻密に描き、食品流通の過程や働く大人たちの姿を伝える意図で作られた絵本。魚が写真と見間違えるほど。描き方もユニーク。

『海のさかな』

作:渡辺可久　監修:広崎芳次（岩崎書店）

魚屋さんや水族館で見られる魚など、日本の海の魚を中心に250種イラストで紹介している絵本。見やすく同じ横方向に並んで描かれているのも特徴。

『くうたん』

作:やぎ たみこ(講談社)

庭で何かの卵を見つけた。幼稚園から帰ってくると、かわいい赤ちゃんが生まれていて、「くぅくぅ」と鳴いている。こうたくんはその不思議な生きものに「くうたん」と名まえをつけて、大切に育てる。でも困ったことに、くうたんはどんどん大きくなっていき…。

『ぶたのたね』

作:佐々木マキ
(絵本館)

足の遅いおおかみが、どうしてもぶたをつかまえたくて、きつね博士から「ぶたのたね」を手に入れる。水をあげると、みるみるうちに「たね」は育ち…。

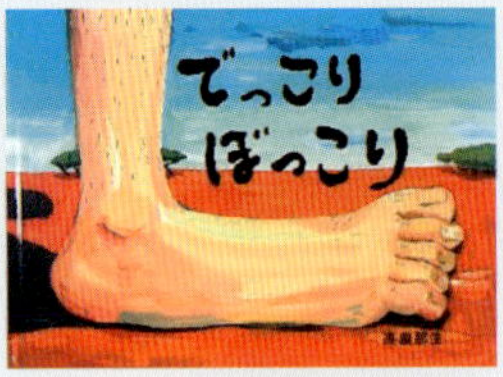

『でっこりぼっこり』

作:高畠那生(絵本館)

とてつもなく大きい巨人がマラソンしたら…大きな足跡が「ぼっこり」へこめば、地球の裏側が「でっこり」出っ張る。ばかばかしいほどスケールの大きい、びっくり仰天な絵本。みんなで大笑いして、気分爽快の一冊!

『キャベツくん』

文・絵:長新太(文研出版)

大人にしてみれば、意味が分からない!という絵本の代表作。子どもはもちろん、大人も何度か読めば後でじわじわ気になる絵本。

『校長先生のあたま』

文・絵:長新太(くもん出版)　※品切、重版未定

どうしてもこのジャンルでは多くなってしまう長新太作。でもやっぱりスゴイと言わずにいられない、校長先生が鉛筆って…どういうこと?

＼ 想像を超えた ／

ケタ外れにスゴイ存在

超人的な子どもから、オバケや妖怪、
スゴすぎる展開や絵など、子どもはすごいものが好き。
絵本だからこそ、常識を超えた世界にもスッと入っていける。
子どももアッと驚き、親も一緒に引きこまれていく
面白い絵本の数々!

『いちご』

作:新宮 晋(文化出版局)

インパクト大の表紙の強烈な画力による、いちご。怖いもの見たさのような絵本と思いきや、大人は大人なりに感じるところもある一作。

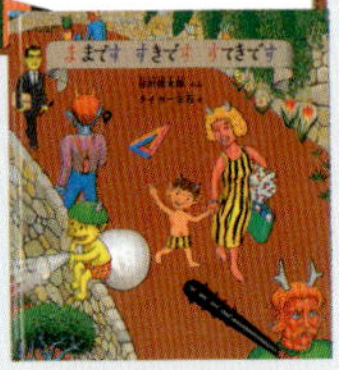

『ままです すきです すてきです』

文:谷川 俊太郎　絵:タイガー立石(福音館書店)

不思議で奇妙なしりとり遊びの絵本。絵も言葉使いも独特で、大真面目にふざけている感じ。これが福音館書店から出されているというのがスゴイ。

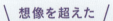

『アベコベさん』

文:フランセスカ・サイモン
絵:ケレン・ラドロー
訳:青山南(文化出版局)

アベコベさんの一家は、いつも真夜中に起きる。パジャマに着がえてベッドで食事。テレビを見る時は逆立ちするし。ある日、一家は近所の家の留守番を引き受けるが…。

『きょだいな きょだいな』

作:長谷川 摂子
絵:降矢なな(福音館書店)

「あったとさ、あったとさ」で始まるとんでもない大きな石けん、電話、トイレットペーパーに子どもが100人。読み聞かせも楽しい、ありえない話。

『おはぎちゃん』

作:やぎ たみこ(偕成社)

おじいさんとおばあさんが住んでいる小さな家の小さな庭。食べようとしていたおはぎが、ぽろりと庭へ落ちた。そんなおはぎをカナヘビ夫婦が育てていく!

『トリゴラス』

作:長谷川 集平(文研出版)

衝撃作。びゅわん、びゅわんという風の音にのって怪獣トリゴラスが現れた。大好きなかおるちゃんのマンションめがけて、突撃開始!緊張感あふれる新鮮な絵本。

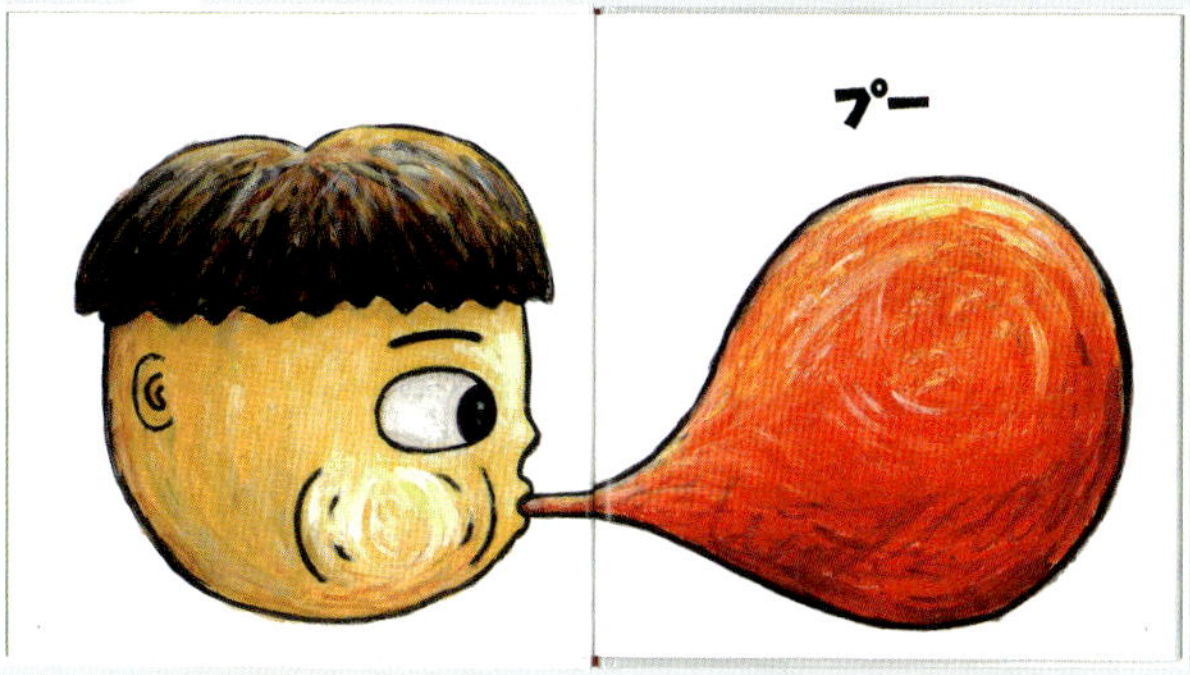

『ねこガム』

作:きむらよしお(福音館書店)

ぷぅーーーーーと膨らませた風船ガム。それがどうなるのか?バカバカしいといえばバカバカしいけれど、やっぱり記憶に残る絵本。

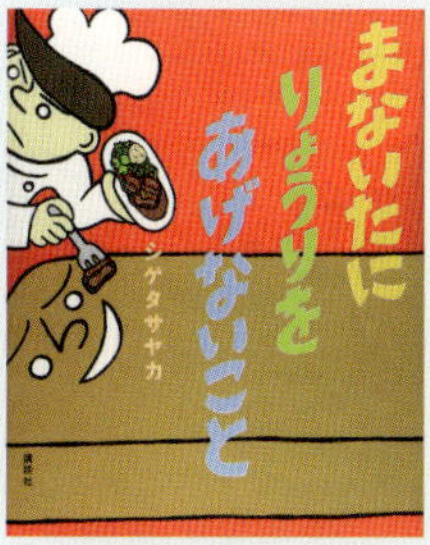

『まないたにりょうりをあげないこと』

作:シゲタサヤカ(講談社)

まな板が喋って、食べる!?　という奇想天外な楽しい絵本。しかもその口調が「ぼく、このレストランの料理が食べてみたいな~」。まな板はだんだん太って…。

『くものすおやぶんとりものちょう』

作:秋山あゆ子(福音館書店)

お菓子の「ありがた屋」に盗人の「隠れ羽」から盗みの予告状が届いた。困ったアリたちが助けを求めたのは、くものす親分。まるで時代劇のような展開!

『ブラッキンダー』

作:スズキコージ(イースト・プレス)

スズキコージが描く、誰も知らない真夜中の冒険。一見怖いが、面白い。第14回日本絵本賞大賞を受賞した作品。

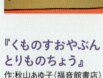

『赤い目のドラゴン』

作:アストリッド・リンドグレーン
絵:イロン・ヴィークランド
訳:ヤンソン 由実子(岩波書店)

長くつしたのピッピの作者の名作。幼い兄弟が可愛がって育てていたドラゴンが、ある日空へ飛んで行ってしまう、美しいストーリーの絵本。

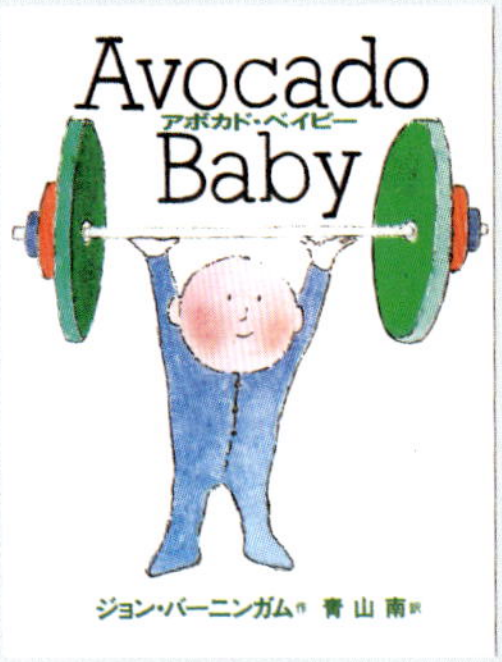

『アボカド・ベイビー』

作:ジョン・バーニンガム
訳:青山南(ほるぷ出版)

まさに超人的な子どもの話。「何を作ってあげても食べないのよ」とお母さん。そこにあるアボカドをあげたら、不思議なことが…。バーニンガムらしい愉快な絵本。

『王さまと九人のきょうだい』

絵:赤羽末吉
訳:君島久子(岩波書店)

子どものいないおじいさんとおばあさんに、ある日9人も赤んぼうが生まれ(!)、この兄弟が成長した時、王さまが大難題をふっかけてきて…。

『ドワーフじいさんのいえづくり』

作・絵:青山 邦彦(フレーベル館)

きむずかしいドワーフじいさんが、家を作ることに。ところが次々に動物たちがやってきて、手伝うかわりに部屋を作ってと言う。

『ウエズレーの国』

作:ポール・フライシュマン
絵:ケビン・ホークス
訳:千葉茂樹(あすなろ書房)

いじめられっ子だった少年がスゴイ存在に変身。夏休みの研究で新種の作物を育て、そこから自分だけの文明を作っていく。不思議だけどありえそう。

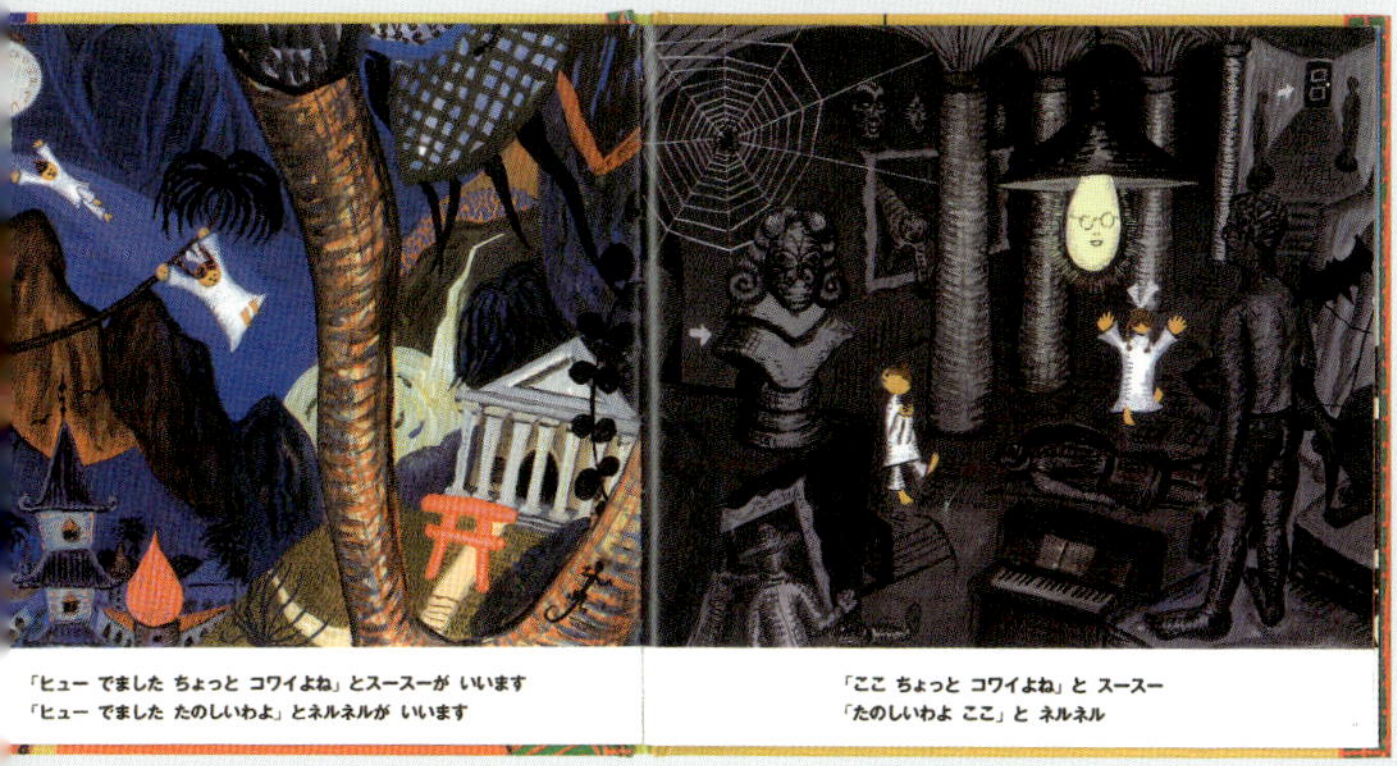

『スースーとネルネル』

作:荒井良二(偕成社)

なかなか寝ない子どものスースーとネルネル。真夜中に時計がやってきて2人は見知らぬ世界へ。不思議議とデジャブのような気持ちに包まれる作品。

『いつもちこくのおとこのこ ジョン・パトリック・ノーマン・マクヘネシー』

作:ジョン・バーニンガム
訳:谷川俊太郎 (あかね書房)

いつも遅刻する男の子と先生の話。遅刻した理由が「えーー!!」というような内容ばかり。ありえないといいながら親子で楽しめる一冊。

『光の旅 かげの旅』

作:アン・ジョナス
訳:内海まお(評論社)

スゴイ存在や物語というより、スゴイ絵。全編さかさ絵になっていて、とにかく不思議。よくこんな絵が描けたと驚く作品。

『空とぶ船と世界一のばか』

文:アーサー・ランサム
絵:ユリー・シュルヴィッツ
訳:神宮 輝夫(岩波書店)

ロシアの昔話をシュルヴィッツが描いた作品。空とぶ船を求めて旅にでた男たちの冒険がありえない。コールデコット賞受賞。

『あるひぼくはかみさまと』

作:キティ・クローザー
訳:ふしみ みさを(講談社)

テオが出会った「かみさま」は泳げないし、木に登れない。でも、さようならをしたあと、テオにはある思いが残り…。アストリッド・リンドグレーン記念文学賞受賞作家の絵本。

『ねえ、どれがいい?』

作:ジョン バーニンガム
訳:まつかわまゆみ(評論社)

「ねえ、どれがいい?」と次々とんでもない選択がでてくる絵本。「えーどれもイヤだ」と言いながら、親子で一緒に話しながら楽しめるのもいい。

『とらのゆめ』

作・絵:タイガー立石(ビリケン出版)

ぐうぐうぐう。とらのとらきちは夢を見る。眠い眠い。とらきちの不思議な夢の世界を描いた絵本。見れば見るほど夢のような不思議な世界。

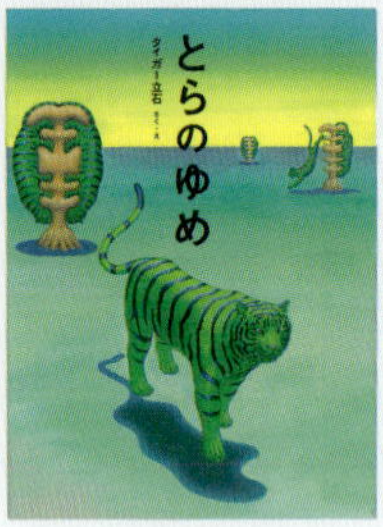

『ぞうのボタン』

作:うえののりこ(冨山房)

おなかにボタンを4つつけているぞう。そのボタンをは外して中から出てきたのは…?次から次へと動物が登場する楽しい文字なし絵本。

『すきです ゴリラ』

作:アントニー・ブラウン
訳:山下 明生(あかね書房)

ハナはゴリラが大好き。でも忙しいお父さんは動物園にも連れて行ってくれない。誕生日の真夜中に不思議なことが…。ラストは幸せな気分になる。

『かようびのよる』

作・絵:デヴィッド ウィーズナー
訳:当麻ゆか(徳間書店)

とある火曜日の晩のこと。あたりがすっかり暗くなったころ、町外れの池から、蓮の葉に乗ったカエルたちが飛びたって…。奇妙だけど妙なリアリティ。

『うまそうだな、ねこ しんかしたさかなのおはなし』

作:松山美砂子(架空社)

池に住む魚は毎晩眠れない。意地悪な猫が池に来ては歌うから。「旨そうな魚、いつか食べるさかな」と。ところがある夜、なんと魚が陸に上がって…。

『オオカミがとぶひ』

作:ミロコマチコ(イースト・プレス)

大胆な構図とダイナミックなタッチで強烈な吸引力のある絵。絵を見ているうちにグイグイ読まされていく感覚の記憶に残る大型絵本。

『とべバッタ』

作:田島征三(偕成社)

まず絵がスゴイ。恐ろしい天敵から身を守るため、小さな茂みに隠れすんでいたバッタが決心して、大空に向かって飛んでいった。力強く痛快な絵本。

『しばてん』

作:田島征三(偕成社)

「しばてん」とは、カッパに似た化け物。その生まれ変わりといわれる太郎の運命を描いた衝撃作!

『おかえし』

作:村山桂子
絵:織茂恭子(福音館書店)

タイトル通り、ひたすらお隣同士で際限なくおかえしし続ける、ありそうでありえない話。家中の物をお返ししあっているうちに…。ユーモラスな絵本。

『おちゃのじかんにきたとら』

作:ジュディス・カー
訳:晴海耕平(童話館出版)

ある日、ピンポンとチャイムを鳴らす人がいる。誰かと思ったら…そこにいたのはお茶を飲みに来た大きなトラ。お父さんの分まで残さず飲んでしまうけど、かえって良かったかも?

『へびのクリクター』

作:トミー・ウンゲラー
訳:中野 完二(文化出版局)

息子から誕生日プレゼントとしてもらったへびのクリクター。それ自体も不思議だけど、これでもかと意外なまでに役立つクリクターの姿が面白い。

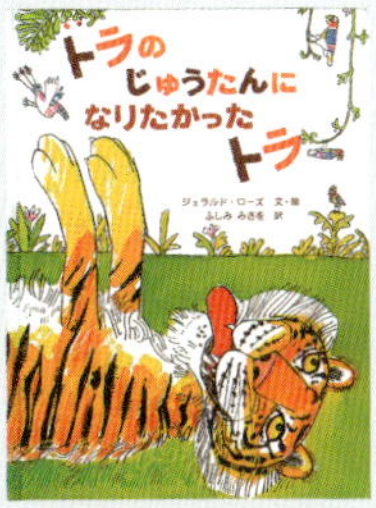

『トラのじゅうたんになりたかったトラ』

文・絵:ジェラルド・ローズ
訳: ふしみ みさを(岩波書店)

やせこけたトラは宮殿のひろまで楽しそうにごはんを食べている王さま一家が羨ましくて、なんとトラの絨毯になることに。そんなある日、夜の宮殿で…。

『ガラスめだまときんのつののヤギ』

訳:田中かな子　絵:スズキコージ
(福音館書店)

ロシア民話の絵本。おばあさんが大切に育てていた麦畑を、1匹のヤギが荒らし居すわってしまう。クマやオオカミでも追い出せなかったヤギを追い出したのは?

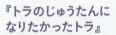

『じごくのそうべえ』

作:田島征彦(童心社)

軽業師のそうべえが綱渡りに失敗し、なんと地獄に送られることに。出会った仲間たちとともに閻魔大王の前で大暴れ!上方落語「地獄八景亡者の戯」を題材にしたロングセラー絵本。

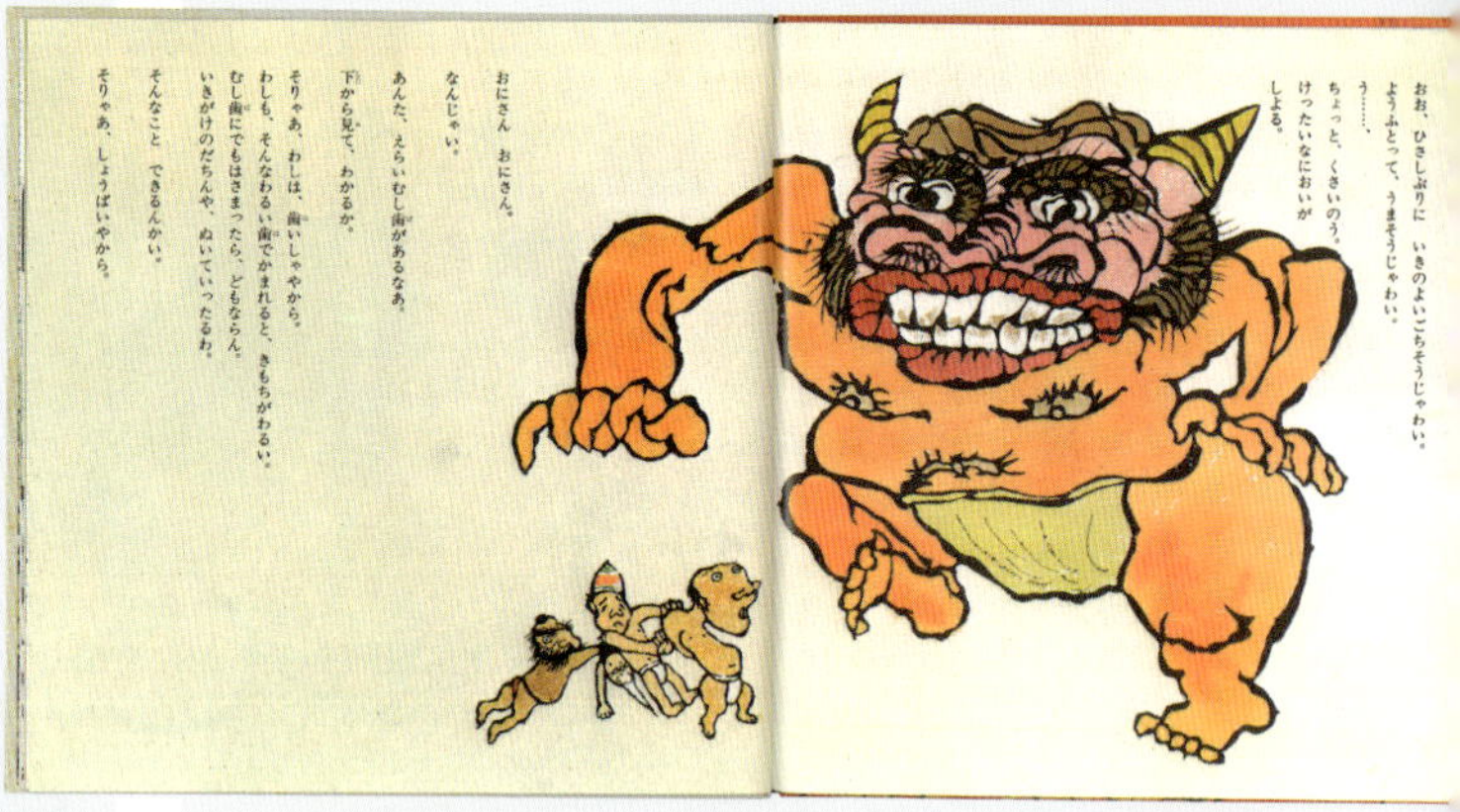

『へっこきあねさがよめにきて』

文:大川悦生　絵:太田大八
(ポプラ社)

嫁がずっともじもじしている。話を聞いてみると、ずっとオナラを我慢しているというから、姑が気にせずしていいと言うと…。そのスケールが大きすぎる!

『かえるをのんだ ととさん』

再話:日野十成　絵:斎藤隆夫
(福音館書店)

そんなバカな、と言いたくなる楽しく愉快な昔話。腹の痛くなったととさんは、和尚さんに相談に行くと「腹に虫がいるから蛙をのむといい」と言われ…。

『どんどんどんどん』

作:片山健(文研出版)

とにかく絵がスゴイ。男の子がひたすらどんどん歩いて行くだけの話。ただ何だか妙な迫力と妙なリズム。好き嫌いは分かれるだろう作品。同作者の『おなかがすくさんぽ』(福音館書店)もおすすめ。

『まゆとおに やまんばのむすめ まゆのおはなし』

文:富安陽子
絵:降矢なな (福音館書店)

やまんばの娘のまゆが偶然オニと出会った。まゆを食べようと思ったオニと、無邪気におかあさんから言われたことを守ったまゆ。降矢ななさんの絵が素晴らしい痛快絵本。

『つきよのかいじゅう』

作:長新太(佼成出版社)

かいじゅうだ!かいじゅうだ!ついに湖にいるかいじゅうを発見。数々のナンセンスもので有名な長新太の中でもスゴイ存在。

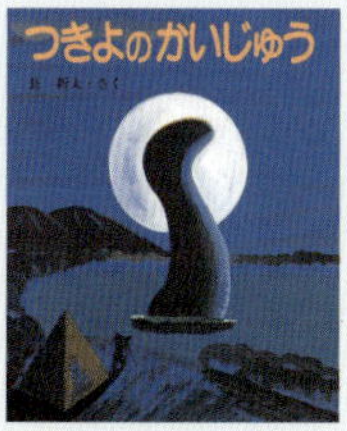

『かいじゅうたちのいるところ』

作:モーリス・センダック
訳:じんぐう てるお(冨山房)

お母さんに怒られ、部屋に閉じ込められたマックス。でも部屋ににょきりにょきりと木がはえだして…マックスはかいじゅうたちの王様に。何度読んでも発見がある。

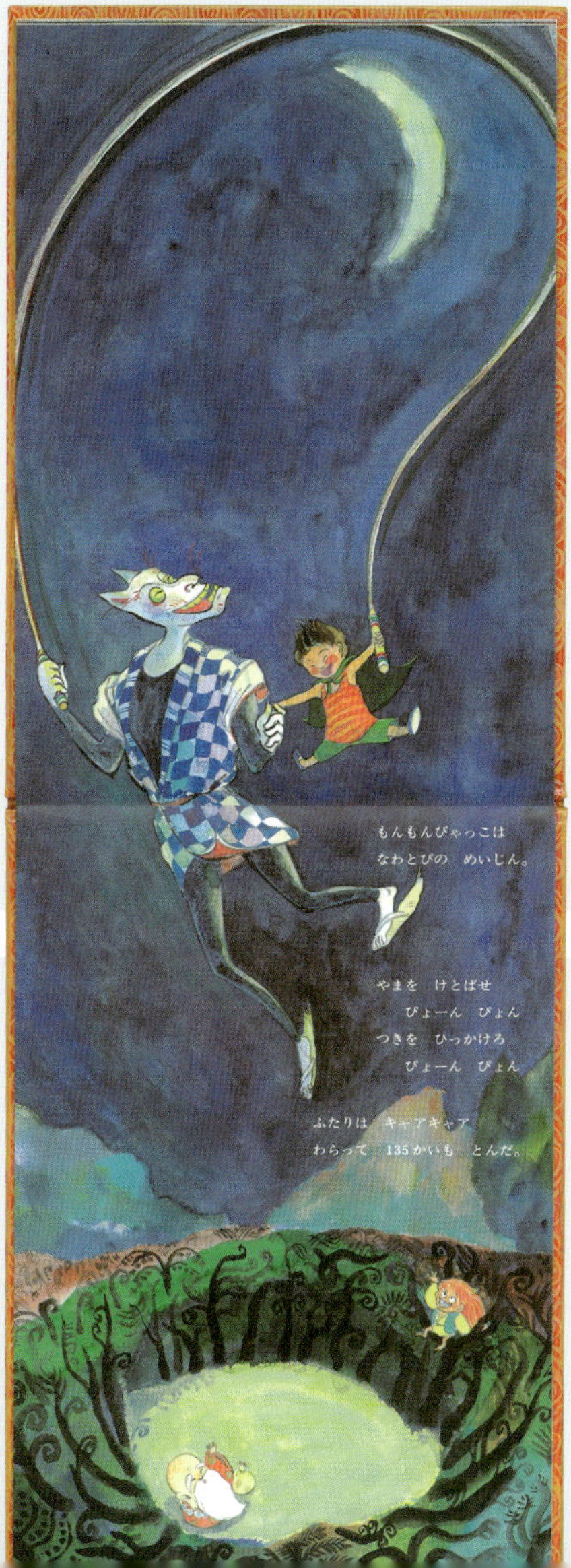

『ランパンパン』

再話:マギー・ダフ
絵:ホセ・アルエゴ、アリアンヌ・ドウィ
訳:山口文生(評論社)

インドの民話。王様に妻をさらわれてしまったクロドリは、妻を取り戻すために王様に戦いを挑む。行進しながら、いろんなものが次々の仲間になり…。

『めっきらもっきらどおんどん』

作:長谷川摂子
絵:降矢なな(福音館書店)

かんたは誰も遊んでくれないからメチャクチャな歌を歌った。ちんぷくまんぷく…するとおかしな3人組がやってきて遊ぼうという。日本が誇る名作。

『おかあちゃんがつくったる』

作:長谷川 義史(講談社)

ある日、僕が父親参観のお知らせをもらってくると…。あったかくて、せつなくて、笑える父を亡くした母子家庭家族の物語。『てんごくのおとうちゃん』もおすすめ。

『わたし』

文:谷川 俊太郎
絵:長新太 (福音館書店)

わたしは山口みち子、5才。お兄ちゃんからみると"妹"でも、犬からみると、"人間"。私は1人なのに呼び名はいっぱい。気づきのある絵本。

『日曜日の歌』

文・絵:長谷川集平(好学社)

ただひたすら子ども目線で、家族の日常を描いた作品。長谷川集平ならではの空気感で、じんわり染みたり、ドキリとしたり。

＼ 共感できる ／

一番身近な存在

小さな子にとって一番身近な存在である家族や友達。お母さんばかりでなく、お父さんや、祖父母、兄弟が出てくる絵本を読みながら、共感したり、全然違うと思ったり、親子共に自分に置き換えて感じやすい絵本。親子共に何かの気づきになることも。

『あかいえのぐ』

作:エドワード・アーディゾーニ
訳:津森優子(瑞雲舎)

サラとサイモンのお父さんは画家。ある日、とうとうお金がなくなってしまい、傑作を仕上げるための赤い絵の具を買うことができず…。けなげな子どもの姿が身に染みる。

『かあさんのいす』

作・絵:ベラ・B.ウィリアムズ
訳:佐野洋子(あかね書房)

火事ですべてを失うという苦境の中、明るく前向きに家族みんなが助け合いながら奮闘する物語。「うたいましょうおどりましょう」「ほんとにほんとにほしいもの」の三部作。

『いいからいいから』

作:長谷川義史(絵本館)

カミナリがゴロゴロ、ピカッ、ドーンとなった後、目の前にいたのはかみなりの親子。普通ならギャーッとなるところを、おじいちゃんが「いいから、いいから」ともてなすおおらかさ。

『チャーリー、おじちゃんにあう』

文:エイミー・ヘスト
絵:ヘレン・オクセンバリー
訳:さくま ゆみこ(岩崎書店)

雪のふる日曜日ヘンリーと子犬のチャーリーは、おじいちゃんを駅へむかえにいった。おじいちゃんとチャーリーが友達になれるといいな。子犬が人の心をやさしくさせる温かさがあふれる絵本。

『ひみつのかんかん』

作:花山かずみ(偕成社)

ひいおばあちゃんが大切に持っている缶の中には、たくさんの思い出と秘密が詰まっている。はじめて聞く思い出の数々。なんだか懐かしい気持ちになる一作。

『おばあちゃんがいるといいのにな』

作:松田素子　絵:石倉欣二(ポプラ社)

おばあちゃんが、いるといいのにな。いえのなかにでーんとひとり、おばあちゃんが、いるといい…。こころやさしいおばあちゃんと孫の交流と別れをほんのりあたたかく描いた絵本。

『おじいちゃん』

作:ジョン・バーニンガム
訳:谷川俊太郎(ほるぷ出版)

よく来たね、元気かい?　おじいちゃんと仲良しの小さな女の子。2人のやりとりを描いたジョン・バーニンガムの名作。おじいちゃんに会いたくなるかも。

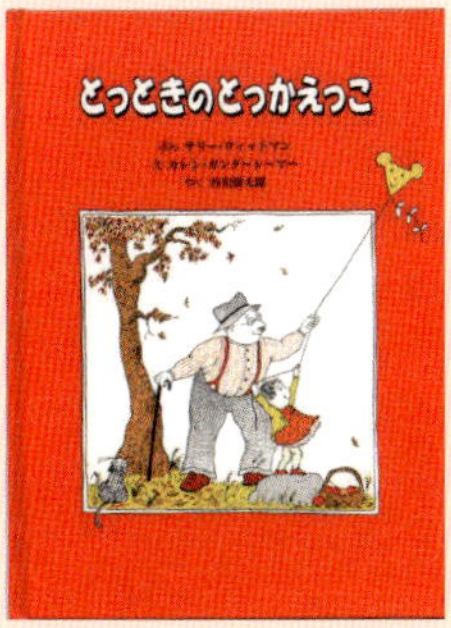

『とっときのとっかえっこ』

作:サリー・ウィットマン
絵:カレン・ガンダーシーマー
訳:谷川俊太郎(童話館出版)

バーソロミューおじいさんとお隣に住む女の子のネリーは、いつも一緒。2人がごく当たり前のようにしていることに、多くのことを考えさせられる絵本。

『おとうさんにもらった…』

作:えびなみつる(架空社)

お父さんにナイフをもらった。ピカピカなんでも切れる。お父さんにマッチをもらった。紙に火がついた。子供達に道具の便利さと危険性を、ユーモアをこめて分かりやすく描いた作品。

『みんなあかちゃんだった』

作:鈴木まもる(小峰書店)

作者自身が育児でつけた絵の記録。大人になって、どんなに偉そうにしていたって、昔はみんな赤ちゃんだった。自分の赤ちゃんだった頃を知りたがる子にも、親目線でも楽しめる。

『ちいさなあなたへ』

作:アリスン・マギー
絵:ピーター・レイノルズ
訳:なかがわちひろ(主婦の友社)

母であることのすべてがつまった絵本。親でいることの喜び、不安、苦しみ、寂しさなど、親の方が泣いてしまう絵本。子育て中のママへのプレゼントに。

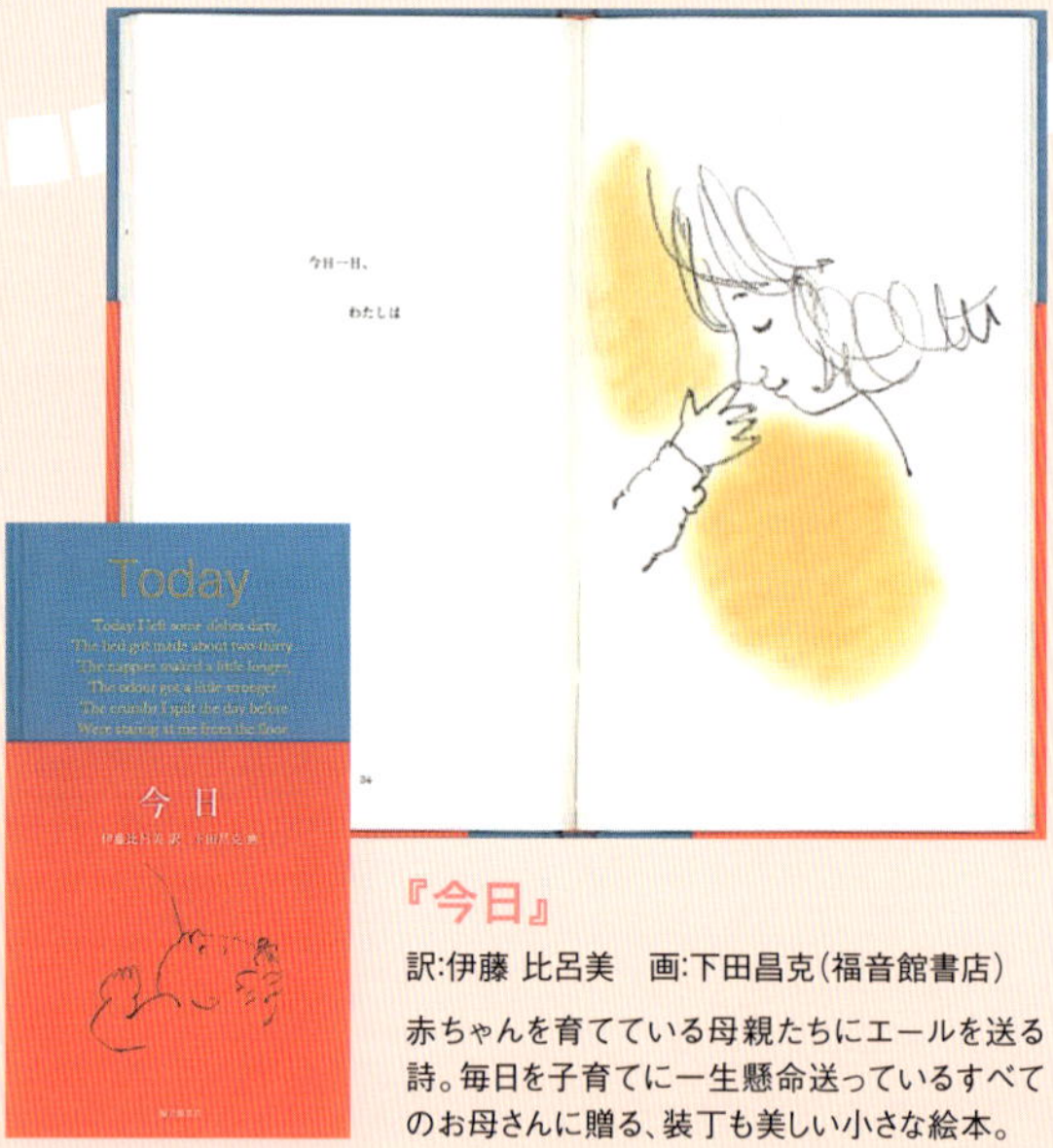

『あやちゃんが生まれた日』

作・絵:浜田 桂子(福音館書店)

もうすぐ、あやちゃんの6歳の誕生日。あやちゃんは自分が生まれた時の様子を知りたくてお母さんに話してもらうことに。

『今日』

訳:伊藤 比呂美　画:下田昌克(福音館書店)

赤ちゃんを育てている母親たちにエールを送る詩。毎日を子育てに一生懸命送っているすべてのお母さんに贈る、装丁も美しい小さな絵本。

『ピーターのいす』

作:エズラ=ジャック=キーツ
訳:木島始(偕成社)

妹が生まれて、ゆりかごもオモチャも愛着をもっていた自分のものが次々と妹のものになっていく。その幼児の心の成長を描く。

『いもうとのにゅういん』

作:筒井頼子
絵:林明子(福音館書店)

突然、妹が盲腸の手術で入院することに。一人残されたあさえが不安になった頃、お父さんが帰ってきて…。ちょっと成長した姉妹のやりとりが微笑ましい。

『ねつでやすんでいるキミへ』

しりあがり寿 (岩崎書店)

マンガ家しりあがり寿作の絵本。子どもの看病してる時間、とにかく早く元気になってほしい、と願ってしまう子どもを想う親の愛が詰まった一冊。

『わたしのおうち』

作:神沢 利子
絵:山脇 百合子(あかね書房)

春の野原を背景に、幼い姉と弟の心のふれあいと幼児の空想の世界を、素朴であたたかみあふれる文と絵で描いた絵本。

『おとうさんはパンやさん』

作:平田昌広　絵:鈴木まもる
(佼成出版社)

パン屋さんの仕事が分かる絵本でありつつ、そこに家族の絆を感じて、ホロリときてしまう。パン屋さんの娘の目線から描かれた、温かいストーリー。

『あさえとちいさいいもうと』

作:筒井頼子
絵:林明子(福音館書店)

小さな妹が寝ている間にちょっと銀行に行ってしまったお母さん。留守番をまかされた「あさえ」もまだまだ小さな女の子。親子ともにハラハラと安心を共感できる絵本。

『ぼくはねこのバーニーがだいすきだった』

作:ジュディス・ボースト
絵:エリック・ブレグバッド
訳:なかむら たえこ(偕成社)

可愛がっていた猫の死を悲しむ男の子にお父さんは言った…。小さい読者に死の概念を思いやりあふれる言葉で伝える絵本。

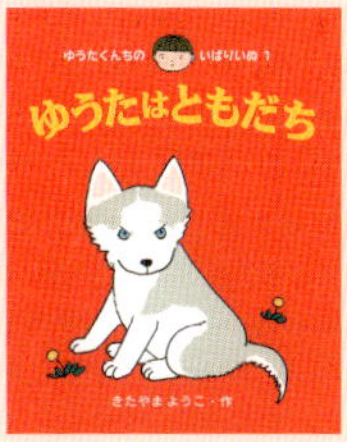

『ゆうたはともだち』

作:きたやま ようこ(あかね書房)

おれ　いぬ。おまえ　にんげん。おまえ わらう。おれ しっぽ ふる。何だか少し威張りんぼな飼い犬目線の語り。犬を飼っている人に。

『ザガズー じんせいってびっくりつづき』

作:クェンティン ブレイク
訳:谷川 俊太郎(好学社)

幸せにくらしていたジョージとベラのところに、やってきたちっちゃなピンクの生き物。2人は「ザガズー」と名付けて育てると、やがて怪物のようになり…。親の方が面白く読めるかも。

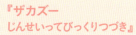

『おとうさん』

作:つちだよしはる
(小峰書店)

おとうさんの自転車に乗って一緒にでかけるのが大好き。お気に入りのハンカチを落としてしまい…。読んでいる大人の方が思わずじんわり胸にしみる一冊。

『なかなおり』

文:シャーロット・ゾロトウ　絵:アーノルド・ローベル
訳:みらいなな(童話屋)　※絶版

朝からなんだか嫌な気分。それはほんの些細な始まり。そこから険悪なムードになるけれど、これまた些細なことで仲直りできる。それが家族と友達。

『あのときすきになったよ』

作:薫くみこ
絵:飯野和好(教育画劇)

あの子となんで仲良くなったんだっけ??ちっとも好きじゃなかったのに、好きになったのはなんでかなあ…。嫌いだったクラスメイトの内面を純粋な目で見た子どもの心。

『教室はまちがうところだ』

作:蒔田晋治
絵:長谷川 知子(子どもの未来社)

教室は間違うところだ。みんなどしどし手をあげて、間違った意見を言おうじゃないか。教師をつとめた蒔田晋治の詩を絵本にした作品。

『イエペは ぼうしがだいすき』

作:石亀泰郎(文化出版局)

イエペはどんな時でも帽子を手放さない男の子。帽子がないと元気が出ない。写真家が北欧の保育園で見た、のびのびと育つ子どもたち。親子で共感できる絵本。

『おこだでませんように』

作:くすのき しげのり
絵:石井 聖岳(小学館)

僕はいつも怒られる。家でも学校でも…。僕は「わるいこ」なんやろか…。小学校に入り、教えてもらったひらがなで七夕のお願いごとをする。ホロリとくる一作。

『サラダでげんき』

作:角野栄子
絵:長新太(福音館書店)

りっちゃんはおかあさんが病気なので、おかあさんにたちまち元気になるようなサラダを作ってあげることにする。りっちゃんが作り始めると、そこへのらねこがやってきて…。

『ティッチ』

作・絵:パット・ハッチンス
訳:いしいももこ(福音館書店)

大きな兄さんの手にはシャベル。植木鉢をかかえているのは姉さん。でも末っ子のティッチの手には小さな種が一つ。末っ子の心が大きくはばたく。

『はじめてのおるすばん』

作:しみず みちを
絵:山本 まつ子(岩崎書店)

3歳のみほちゃんが一人で初めてお留守番。「ピンポーン」とチャイムがなり、誰だろうとドキドキする気持ちなど、親子で共感できるはず。

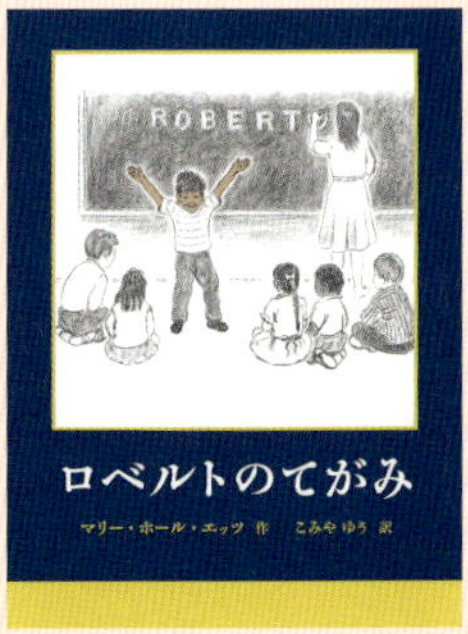

『ロベルトのてがみ』

作:マリー・ホール・エッツ
訳:こみやゆう
(好学社)

アメリカで暮らしているロベルトと家族はスペイン語しか話せない。ある日、家出してしまったお母さんに、ロベルトは習いたての英語で手紙を書く。

『ルピナスさん』

作:バーバラ・クーニー
訳:掛川 恭子(ほるぷ出版)

おじいさんから聞いた話で世界中を旅行し「世の中を美しくする」ため、あることを続けた少女。今は海を見下ろす丘の上に住んでいるおばあさんに。つないでいく人生の美しさ。

わたしの大おばさんの、ミス・アリス・ランフィアスは、いまではとしをとって、かみのけはまっしろです。ルピナスの花は、まだふえつづけています。

大おばさんは、ルピナスさんとよばれるようになりました。

ときどき、わたしのともだちが、村《むら》をルピナスの花でいっぱいにしたおばあさんってどんな人だろうと、みにやってきます。

大おばさんがおはいりというと、みんなはおそるおそるはいってきます。

こんなにとしをとったおばあさんは、ほかにいないとおもっているのです。

大おばさんはとおいくにぐにのはなしを、よくきかせてくれます。

「大きくなったら、とおいくににいって、かえってきたら、海《うみ》のそばにすむわ」

わたしは、大おばさんにいいます。

「それはけっこうだね、アリス。でも、もうひとつしなくてはならないことがあるよ」大おばさんがいいます。

「なあに？」

「世の中を、もっとうつくしくするために、なにかしなくては」

「いいわ」わたしはやくそくしました。

『てん』

作:ピーター・レイノルズ
訳:谷川 俊太郎(あすなろ書房)

お絵かきなんて大嫌い!苦しまぎれに描いたのは小さな、てん、ひとつ。そこから変わり始める主人公。先生の対応がおおらか!

『きはなんにもいわないの』

作:片山 健(復刊ドットコム)

お父さんに「きになって」とねだった、すーくん。さっそくお父さんの木に登ろうとしますがうまくいかず、すーくんは、お父さんに話しかけるけれど…。

『あくたれラルフ』

作:ジャック・ガントス　絵:ニコール・ルーベル
訳:いしいももこ(童話館出版)

セイラのねこ、ラルフ。セイラはからかわれても、パーティをだいなしにされてもラルフが好き。ところがサーカスの日、ラルフのあくたれは度をこして…。

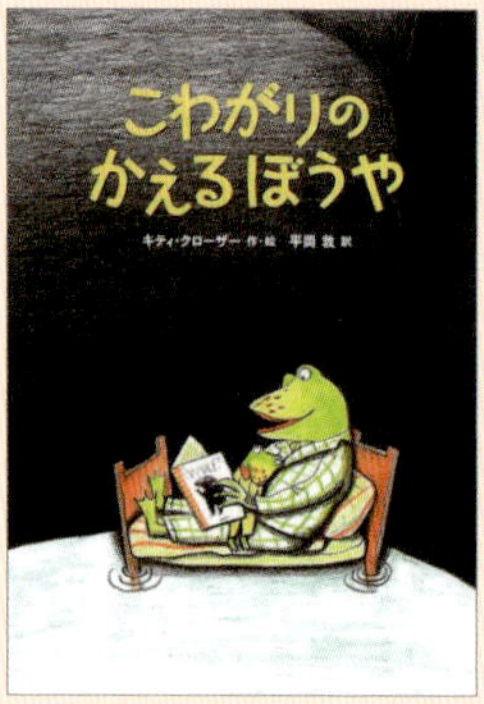

『こわがりのかえるぼうや』

作・絵:キティ・クローザー
訳:平岡敦(徳間書店)

かえるのジェロームはとってもこわがり。今日も一人で寝ていると、なんだか変な音が聞こえてきた。「パパ!怖くて眠れないよお」。するとパパは…?

『おとうさんのえほん』

作:高畠純(絵本館)

色んな動物のおとうさんが登場して、ムフフ、アハハと笑わせる。まるでウチのお父さんにそっくり!と笑いながら、親子で楽しく見れる絵本。

『くまのコールテンくん』

作:ドン・フリーマン
訳:まつおかきょうこ(偕成社)

おもちゃ売場のくまの人形を一目で好きになり、自分の貯金をはたいて買いに行く女の子と人形との心のふれあいを描く。

『ひとりぼっち?』

作・絵:フィリップ・ヴェヒター
訳:アーサー・ビナード(徳間書店)

自分の思い通りに毎日楽しく生きている「ぼく」。でも、たまには落ち込むこともある。そんな時、ぼくは…。

『ぼくにげちゃうよ』

文:マーガレット・ワイズ・ブラウン
絵:クレメント・ハード
訳:いわたみみ(ほるぷ出版)

ある日、子うさぎは母さんうさぎに言う。「ぼく、逃げちゃうよ」。すると母さんうさぎは「おまえが逃げたら、母さんは追いかけますよ」。例えも絵も面白く、愛たっぷり。

『ロバのシルベスターとまほうの小石』

作:ウィリアム・スタイグ
訳:せたていじ(評論社)

ある雨の日、ロバのシルベスターは望みが叶う魔法の小石を見つける。喜んで家に帰る途中、ライオンに出会い…。コールデコット賞受賞作。親子愛が濃縮した作品。

『くんちゃんのだいりょこう』

文・絵:ドロシー・マリノ
訳:石井桃子(岩波書店)

渡り鳥のまねをして南の国へ行こうと決心するくんちゃん。双眼鏡、麦わらぼうし、水筒などを持って…でもすぐに戻ってきてしまう。おおらかな愛情に包まれていることを感じる名作。

『すえっこおおかみ』

文:ラリー・デーン・ブリマー
絵:ホセ・アルエゴ、アリアンヌ・デューイ
訳:まさきるりこ(あすなろ書房)

末っ子おおかみはフランキー兄さんや、アナ姉さんのように速く走れないし、まっすぐに転がることもできない。そんな末っ子おおかみにお父さんは…。ゆっくり成長していく子を励ます絵本。

『ぞうのホートンたまごをかえす』

作・絵:ドクター・スース
訳:しらきしげる(偕成社)

なまけ鳥のメイジーに卵を抱いてくれないかと頼まれたホートン。嵐の日も、冬の寒い日も、春が来ても卵を温めた。物語の展開に引き込まれるお話。産みの親より、育ての親。

『あたしもびょうきになりたいな！』

作:フランツ・ブランデンベルク
絵:アリキ・ブランデンベルク
訳:ふくもと ゆみこ(偕成社)

病気になった弟がやさしくされているのを見て、自分も病気になりたいエリザベス。うらやましがりやの幼児の気持ちを描いた絵本。

WORK ROOM WATCHING

仕事場拝見

かこさとしさん

絵本作家

惜しまれつつもこの世を去ったかこさとしさん。
今も昔も、いつの時代も子どもたちの心を掴む絵本を作る
そんなかこさんの仕事場にお邪魔した記録を紹介したい。

（momo vol.5 に収録された記事より）

何十年とためた切り抜きが宝物

閑静な住宅地、庭から日差しが差し込む窓に向かって置かれた机。その机を取り囲むように、ぐるりと床から天井までドア以外の壁は書棚で埋め尽くされている。「全部、資料です。何かに使えるかもしれないぞ、と思って新聞や雑誌などをハサミで切り取っておいたものです。それをいつ使うか、10年後か30年後か、このまま使わないままかも知れないけれど、とりあえず全部とってあります。かれこれ何十年分もあるものですから、資料を置くためだけの場所も他にあります。人からみればゴミくずみたいな紙きれでも、私

にとってこれは宝の山。だからお固い本なんて全部棚の上の方へやっちゃって、切り抜きの束が私の手の届く場所にあるんです」。この資料の数にも驚かされたが、それ以上に何十年前に切り取った記事をパッと思い出し、また取りだせることがスゴイ。

仕事道具の水彩絵の具やパレットは実は娘さんが小中学校の頃に使っていたもののお下がりだ。まさか筆まで…と思ったら隣で「それも私のです」と娘さん。いただきもののプリンが入っていた瓶まで、水入れにちょうどいいと使っている。「こういったものの方が心おきなく使えるし、旅先で捨てられるくらいのものだから気楽に持って行けるでしょう」。といいつつ結局、貧乏症で捨てられなくて今もあるのだという。

子どもが私の先生

かこさんの絵本の特徴といえば、絵がたくさん描きこまれているということ。カラスは1羽ずつ違う顔をし、服を着る。イマドキの絵でもなく、何十年も昔にかかれたものが時代を越えて、今の子も面白がる、その秘密は一体何だろう。

「たくさん絵を描きこむ、とよく言われるのですが、私としてはそんなつもりはなく、絵で描けることは文字で書く必要がないと思っているだけです。くどくどと文章で説明するより、絵で描いた方が子どもにパッと伝わる。

戦後の焼け跡のバラックで、貧しい子どもたちに絵を描いて紙芝居のようにして読んで見せていた時代がありました。彼らは面白ければ自然と集まってきて『もっと読め』とか『続きを描け』とか言うけれど、つまらないと感じたら、スーッといなくなって別の遊びを始める。私はそこで鍛えられたのです。批評家が私の絵をどう評価しても、そんなことは関係ない。その作品が面白いかどうかは子どもたちが教えてくれた。子どもこそ私の先生です。子どもは意味もないことを、いいタイミングでポンッと突然言ったりするでしょ。それをヒントにして作品を作ったりします。パッといいリズムの言葉を入れたり、歌を入れたり。子どもの心を掴むことは、そのバラックで学んだのです」。

とりえは絵を早く描けること

戦争を生き抜いてきた世代。それこそ生きるたくましさが違う。「今でも道端に生えている草を見ると、これは食べられるなぁ、とか思いますよ。もし何か起こったら、私はこの草の場所を知っているから生き延びれるな、とか」と笑う。

「私の絵はうまくも何ともないかもしれないけど、1つだけ人に自慢できるとりえがあって、描くのがとにかく早いんです。昔の写真なんかだったら、写真を撮るよりもずっと早く描けた。若い頃はアメリカ兵が日本のお土産物として持ち帰る絹に似顔絵を描かせるのがブームで、米兵相手に似顔絵を描くバイトもしていました。日本風に水墨画のイメージでぼかした感じに描いてほしいと言うんです。美大の学生が『どうしてわざと平面的に描かなくちゃいけないんだ！』といいきり立っているその横で、私は彼らの倍のスピードでサッサと似顔絵を描いていました。独学だから、そんなに腹も立たないし、それより早くたくさん描いて稼ぎたかった。コツがあってね、女の人なら大体3割増しに美人に描けばいいし、男の人ならその人の特徴を強く出す。例えば顎が張っている人なら顎を強調して描くと大抵満足します。パッと見て、特徴をとらえるのが得意だったんでしょうね。多分、そのバイトをしていた中では一番稼いだんじゃないかなぁ」。かこさんの絵のルーツはここにもあったようだ。

いつの時代も子どもは変わらない

かこさんの絵本にはいつも日本人を感じる。主人公がだるまだったり、貧乏だったり、どろぼうだったりする独特の設定や、ところどころに出てくる下町風情のちょっと乱暴な言葉使いも、どれも懐かしく、人情に満ちている。

1

2

3

4

5

かこさとしさん
プロフィール

1926年、福井県越前市生まれ。東京大学工学部応用化学科卒業後、民間企業の研究所に勤務しながらセツルメント運動、児童会活動に従事。1973年退社後、作家活動、児童文化の研究、大学講師などに従事。作品は500点以上。代表作として『からすのパンやさん』『どろぼうがっこう』（偕成社）『だるまちゃん』のシリーズ（福音館書店）、『こどもの行事しぜんと生活』シリーズ（小峰書店）などがある。福井県越前市に「かこさとし ふるさと絵本館　砳（らく）」、「だるまちゃん広場」（武生中央公園）などがある。2018年5月没。

最新刊では『過去六年間を顧みて』（偕成社）、『みずとはなんじゃ?』（小峰書店）、『だるまちゃんとかまどんちゃん』（福音館書店）『ありちゃんあいうえお かこさとしの71音』（講談社）などがある。

昔、日比谷にあったCIE国際図書館で英語の絵本などをたくさん読んだというかこさん。大抵、どの国の本にも国旗やその国らしいことが書かれているのに、日本の絵本は何処の国のものとも分からないようなものが多かったという。「日本の絵本なのだから日本的なものを主人公にできないか、と思ってだるまやてんぐなんかを描いてみたんです。大人はよく伝承遊びの重要性を言ってくださるのですが、子どもにとって遊びは、摂取され、栄養となり、消化された後に残る排泄物のようなもの。後生大事に残していくようなものではなく、自ら消化して変化させていく。歌でも子どもはデタラメに変えたりするでしょ。子どもはいつの時代も変わりっこない。子どものことを『ガキ（餓鬼）』というように、どれだけ遊んでも遊び足りないのが子どもでしょう。キャーキャー、ドタンバタンと暴れるのが彼らの商売です。それを無理に抑えつければ、ストレスも溜まる。だからと言って、親が叱っちゃいけないとは思わない。子どもはいつでもこちらの想像を軽く上回っていきますよ。親に怒られたくらいでやめるなら、それほどたいして好きでもなかったんでしょう。本当に好きなことなら親にこっそり隠れてでもやるもんです。それでうまくいかなかった時に励ましてやればいい。若いみなさん、子育てを大いに楽しんでください」。

1_「混ぜる場所が広くて使いやすい」と娘さんのお下がりのパレット　2_プリンのカップなどもこの通り、画材道具にしてしまう　3_テーブルの上に無造作に置かれた缶の中に入れられたペンやクリップも、出版社の編集者が持ってきた資料についていたもの　4_切り抜き資料はこんなふうにファイリングして保管。大雑把にカテゴリー分け。これらが重要なアイデアソースになることも　5_書斎の壁はほとんどすべて書棚。数年前に描きためたものが現在次々と発行されているが、日々、編集者との打ち合わせなどに忙しい　6_書斎はかこさんの絵本のように、見える場所に必要なものがすべて出ていて、すぐに使えるように整理されている　7_絵を描く時はヘアーバンドで髪を押さえ、作業服を着ているそう。取材当時も、家族に贈る大きな絵を制作中　8_『あさですよ よるですよ』（福音館書店）の中に写真6右上にある筆立て（花瓶）が登場。『あかですよ あおですよ』とともに2017年重版、販売中

かこさとしさんの『絵本に目覚めた1冊』

『子鹿物語 イヤリング』

作:M.ロウリングズ　訳:吉田甲子太郎
絵:小磯良平（新潮社）

かこさんが心打たれた昭和26年発行の児童書（絶版）。子どもに向けて作られた作品であっても、一切甘く描かれておらず、生き抜く強さ、子どもを一人前の人間として向き合った作品づくりの姿勢に感銘を受けていた、という。

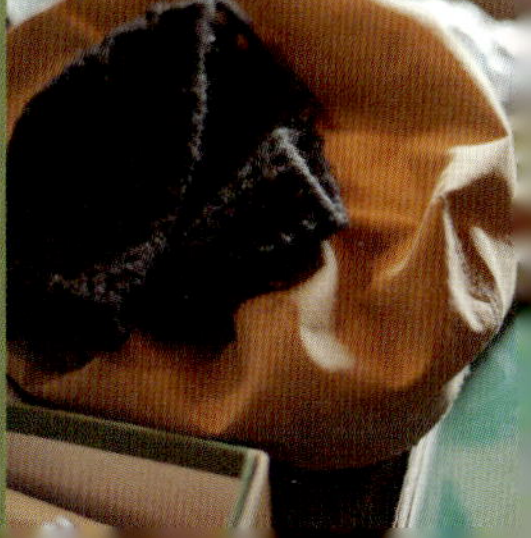

佐々木 マキさん

絵本作家

デビューして50年という大ベテランの佐々木マキさん。
マンガ、絵本、村上春樹氏をはじめとする著作の装画など
幅広い作品を手がけファン層が厚い佐々木さんだが、
素顔を知る機会はなかなかない。
今回は「仕事場＝家族との生活の場」を見せてもらった。

(momo vol.10 に収録された記事より)

揚げ物の音を聞きながら

『やっぱりおおかみ』『ぶたのたね』『ムッシュ・ムニエルをごしょうかいします』など、多くの絵本で知られる佐々木マキさん。作品数に比べて本人の露出は決して多くはない。仕事場へ伺えることが決まると、事前に佐々木さんからのＦＡＸが届いた。そこには「部屋にたどり着くまでが、ちょっとややこしいので」と、こちらが迷わないように細やかな説明が加えられた道案内が手描きされていた。

京都市伏見区にある昭和の情味を残すマンション。年代物のインテリアが置かれ、初めて訪れるのに懐かしさを

感じるような温かい家族の住まいに、生活の一部として佐々木さんの作業スペースがあった。仕事机があるのは台所に隣接する場所。佐々木さん本人の言葉を借りると「台所の片隅」。奥さんが食事の仕度を始めれば野菜を切る音が響き、油の香りが漂い出す。

「夕食はどうする?」と聞かれれば答えながら仕事をしています。子どもが小さかった頃は横から顔を出してきて、〝ここ赤く塗るの?私は青が良かったのに〟なんて言うんですよ」。家族と仕事の間に壁を作らないスタイルは、長年変わらないという。「リラックスしたほうが、いい絵が描ける気がするんです。ドアをパタンと閉めて閉じこもっていたら、絶対に仕事ができなくなります。以前、東京のホテルで缶詰状態で仕事をしたことがあったんですけど、その時、ものすごく焦って苦しかったのを覚えていますよ」。

「シンプル」と「なんとなく」

作業机の左横が台所、右横を振り向くと窓から外が見渡せ、山へと続く丘陵地に沿うように町の暮らしが広がっている。そんな日常の中にある佐々木さんの部屋で、まず印象的だったのは「整然」だった。棚には本やDVDがキッチリと並べられ、趣味で集めているという中古のカメラはキャビネットに美しく整列している。物が少ないわけで

はなく、整然とあるのだ。色付けをする作業机の上には絵の具やパレットはなく、道具は引き出しに収納されていた。「必要なものは使う時だけ出して、終わったらすぐにしまうんです」。

　どこもキレイに片付けられているのだが、かといって全て無駄なく合理的かというと、そうでもない様子。机周りには「なんとなく」もチラホラあり、「なんとなく捨てられない」商品タグや、カメラの部品、アンティークのインテリア雑貨がふと置かれている。写真を撮るのが好きだという佐々木さんがカメラを持って出かけるのは、なんとなく町を歩くとき。

「自然や景色は撮影しませんね。雑然とした町で自分が育ったので、興味があるのは人工的なものです。古いものが好きで、明日なくなるかも、というものを見つけたら今撮っておかないと、と思うんです」。

　佐々木さんの写真絵本『まちにはいろんなかおがいて』を開くと、ある生活の中の視点が見えてくる。この絵本で散歩が楽しくなった親子も多いことだろう。

日常から生まれる空想

　次の作品の構想を練る時には、ふらりと電車に乗るのだとか。「近鉄電車に乗るんです。下車する駅は決めずに。奈良方面へ向かう各駅停車に平日の午後に乗ると、乗客が非常に少ないんですね。トロトロと走っていますから、そこでメモ帳を出して、いろんなことを書き込んでいます。ガッタンコットンという電車の揺れが、考えを巡らせるのにうまく合うんでしょうね。〝今日はここまで思いついたから十分〟というところで電車を降りて戻ります。2、3駅で帰る日もあれば、奈良まで行ってしまうこともありますよ」。

　車中で乗客や風景を観察することはなく、作品に描かれる町並みや風景は全て「頭の中で作り上げたもの」だという。「具体的な背景は全く設定していません。日本的な要素を取り込もうとすると、自分の育った環境の影が出てしまうので。僕は神戸の下町に育ったんですけど、日本的な良さだけではない部分も見てきて、そういう記憶は胸の内にしまって作品とは分けています。どこでもない架空の場所を描くほうが物事を動かしやすいですし。自由で、何が起こっても不思議じゃない」。

団らんも、ダメ出しも

　部屋の隣に住む2人の娘さんとは夕食を共にし、時には娘さんに誘われてOSK日本歌劇団（三大少女歌劇の1つ）の舞台公演を一緒に見に行くという。愛用しているイスは娘さんのお古だということ、佐々木さんは「酢の匂いが大嫌い」で、台所で酢を使いだす

4

1

5

3

2

佐々木マキさん
プロフィール

1946年神戸生まれ。京都在住。1966年日本初の青年マンガ雑誌として創刊された『ガロ』でデビューし、自由で実験的なマンガを発表し続けた。1973年絵本１作目『やっぱりおおかみ』を刊行。主な絵本に『変なお茶会』『ぶたがとぶ』ほか、『ねむいねむいねずみ』『はいいろひめさま』などのシリーズ作品がある。他にマンガ作品『うみべのまち』、展覧会図録『佐々木マキ見本帖』、自伝エッセー『ノー・シューズ』など多数。

2017年発行『へろへろおじさん』（福音館書店）。このおじさん、今日はとことんツイてない。体はよろよろ、手紙はしわくちゃ。喜劇のような一冊。

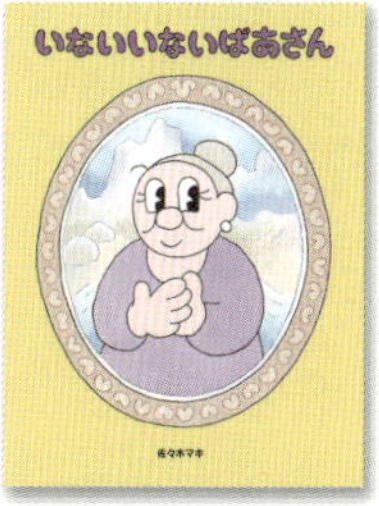

2019年の最新刊は『いないいないばあさん』（偕成社）。おばあちゃんといっしょに歩いていたら、いつのまにか、おばあちゃんがいなくなった。あちこち探しまわっていると…。

と仕事にならないこと。そんなエピソードを笑って聞かせてくれた。

奥さんとは佐々木さんが21歳の時から一緒に暮らしている。マンガ家として東京で活動していた頃「消しゴムのカスが顔に飛んでこないところで描いて」と言われたことも…。それほどすぐそばにいる存在だったのだ。「けっこう厳しいことを言われるんですよ（笑）。安易なダジャレとか、〝こうすれば子どもがおもしろがるだろう〟という、高を括ったような作り方をすると、ビシッと彼女に指摘されますね」。

いつまでも変わらない味わい

佐々木さんの仕事場には身近な現実と空想のバランスがほどよく掛け合っている。鮮明な輪郭のある場所と特定しない空間、どこか作品に通じるものがある。

「忙しくはしたくないんです。自分の仕事を嫌いになりたくないから、好きでいられるくらいの時間の使い方をしたい」と、ペースを維持しているというが、デビューして50年の間に生まれた作品は数多い。じんわり温かい、時を経ても変わらずフフッと笑える表現を、ぜひ改めて見てほしい。43年前に出版された佐々木さんの絵本第1作目『やっぱりおおかみ』は、今読んでも新鮮だ。そして最新作ではまた、予想外の展開で楽しませてくれる。

1_色付け以外の作業はこちらの机で。娘さんのお古をもらったというワークチェアに座りながら　2_デスクライトの下。カメラの部品や、デザインがユニークな商品タグなどお気に入りの雑貨類が並べられている　3_大切なものは丁寧に扱っているのがよくわかる本棚　4_「手に負えるくらいのサイズが好き」という町、京都での暮らし。隣ではいつも奥さんが料理の仕度をしている　5_色鉛筆が入っているカップは、家族そろってファンというOSK日本歌劇団の顔写真入り　6_絵本に使うのは主に水彩。旧仕様のドイツ製の絵の具を使っている　7_仕上げのカラーを付ける作業机。もう１台の机と背もたれを合わせるように配置されているいるところにも、佐々木さんの人柄が現れている　8_クラシックカメラのコレクション。ローテーションで全て使用しているという

7

6

8

佐々木マキさんの『絵本に目覚めた１冊』

『IN THE NIGHT KITCHIN』
作:Maurice Sendak
（The Bodley Head）

「福音館書店の松居直さんからいただいて、初めて絵本を描く際に大いに参考にし、お手本にしました」と佐々木さん。不思議な空気感に通じるものがある。

鈴木 まもるさん

絵本作家／鳥の巣研究家

『せんろはつづく』『がんばれ!パトカー』など
数々の絵本を描いてきた鈴木まもるさん。
実は知る人ぞ知る、鳥の巣研究家でもある。
伊豆・下田にあるアトリエにお邪魔した。

(momo vol.4 に収録された記事より)

伊豆に暮らし、絵を描く

伊豆の最南端・下田。鈴木まもるさんのアトリエは緑豊かな山の中にある。向かう車窓からは、ポツポツと民家が散らばる山間にのどかな田舎の風景。まるで絵本『ピン・ポン・バス』に出てくるバスから見る風景のようだ。約35年前、鈴木さんは東京から住まいを下田に移した。購入した土地は荒れ放題の雑木林。自らの手で山を手入れし、フィンランドから取り寄せた木でアトリエも建てた。

「いらっしゃい」と出迎えてくれた鈴木さんは、こちらが絵本のタッチから勝手に想像していたイメージと異なり、

生物学者のような雰囲気。鳥の巣の話を始めると、顔がパッと明るくなり「ね、本当に美しいでしょ。これほど無駄のない造形美は他にないと思うんです」と話しだす。その一瞬の表情で、ああ、この人は本当に鳥の巣が好きなのだと分かる。やがて話し進むほどに「絵本作家」と「鳥の巣研究家」と2つの異なる鈴木さんのイメージが重なっていく。

鳥の巣は 子を守りたい親の気持ち

鈴木さんが鳥の巣にとりつかれたのは30年ほど前。下田で暮らし始めてから、鳥の巣を観察するようになり、今では世界的な鳥の巣研究家としてオーストラリア、ニューギニアなど世界中を旅するまでに。「鳥の巣を見るためだけにわざわざ行くんですよね?」と訊ねると、さも驚いたという表情で「そりゃー行きますよ!だって小さな写真でしか見たことのない巣が、この目で見られるんですよ?」とテンションは高い。

アトリエに足を踏み入れると、壁から天井まで部屋中にさまざまな鳥の巣が。「どれも同じに見えますか?違うんです。鳥の種類で鳥の巣の形は違って、寒い地域に住む鳥は羊の毛や植物の綿毛などを使います。猿が住む地域だと、猿が近寄れないほど細い木の枝の先にぶら下がれるように軽いヤシのような素材で細かく編んでいたりする。

時々、鳥の巣を鳥の家だと思っている人がいるんですが、鳥の巣は家ではなくて、卵がかえるまでの安全な場所です。雛が巣立つと、基本的にそこに雛も親鳥も戻っては来ません。子どもをお腹に入れていたら重くて飛べないから、お母さんのお腹の中と同じような役割の巣を外に出し、なるべく安全な場所で卵を産み、温め、雛が巣立ったら巣は役割を終えます。ここにある巣は役割を終えた巣か、失敗作です。鳥の巣は子の命を守る大事なものですから編み方が悪いのは放置して、一からやり直すんです。何でも最初が肝心だから」と話しながら、おもむろに鈴木さんが石ころを床に置き、その周りに紙を小さくちぎって石の傍に置いていく。「この子をなるべく安全な場所で守りたい。こっちから敵が来るかもしれない、こっちから風が入って寒いかもしれない…」と呟きながら、石ころの周りにちぎった紙きれをぐるりと並べる。「内側から少しずつ自分が回って、最後にはこんなキレイな球体になるんです。まるで茶碗みたいにキレイなカーブでしょ。なるべく雛が心地いいように、卵が転げ落ちたりしないようするんです。鳥の巣は子を守りたいという気持ちを表した形です。陶芸家はロクロを回して茶碗を作るけれど、鳥の巣は鳥の方が回って作るんです」。

子育てほど尊いものはない

絵本で見る鈴木さんの絵は子どもへの愛に満ちていて、色彩が柔らかく美しい。子どもが子どもらしく生き生きと描かれ、ウケ狙いの世界や買い手に媚びた精神はみじんもない。ただ素直に愛らしいものを愛らしく描く。鳥の巣の本もたくさん描いているが、その絵は図鑑のような精密画。どちらの絵も鈴木さんそのもので、好きなものを描いていることに変わりはない。「美大で陶芸や絵を学んだけれど、自分の作品に高価な値段をつけて売る世界に馴染めなかった。子どもの頃はマンガ家になりたかったけれど、マンガは週刊誌とかのスピードで、これまた僕の性格に馴染まなかった。その点、絵本は自分のペースで描けるし、何よりも子どもたちに作品を直接届けることができる。やりたくないことをやって生きていくよりも、自分の心に素直に生きた結果、絵本作家になっていたという感じです」。

鈴木さんは共作も多く、主には奥さんでもある竹下文子さんとのコンビで数多くの名作を作ってきた。「子どもが生まれた時、あまりの可愛さに毎日絵日記をつけていたんです。それをずっと後にまとめたのが『みんなあかちゃんだった』。絵を描くのは今でも大好きで、寝るのがもったいないくらい。自分が描いた絵が好きだから誰に

鈴木まもるさん プロフィール

1952年東京都生まれ。東京芸術大学中退。『黒ねこサンゴロウ』シリーズ（偕成社）で赤い鳥さし絵賞を、『ぼくの鳥の巣絵日記』で講談社出版文化賞絵本賞を受賞。主な絵本作品に『ピン・ポン・バス』『がんばれ!パトカー』『せんろはつづく』などがある。また鳥の巣研究家として『鳥の巣いろいろ』『鳥の巣の本』『世界の鳥の巣の本』『わたり鳥』『巣箱のなかで』などの著書があり、全国で鳥の巣展覧会を開催している

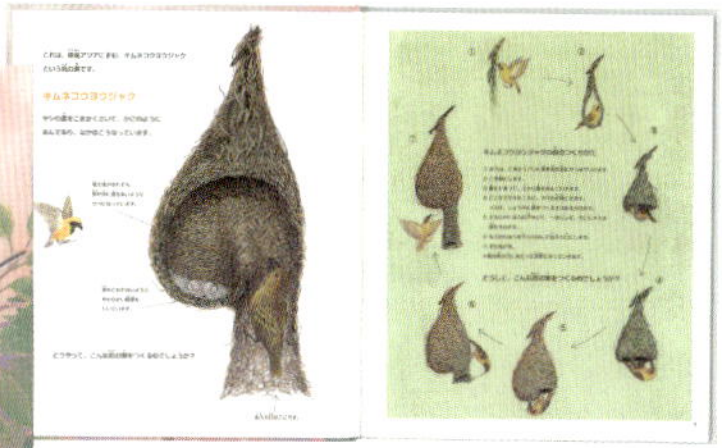

鈴木まもるさんの『ふしぎな鳥の巣』（偕成社）。この1冊では小学生低学年でも分かるように解説されている

も売りたくなくて、全部手元に残しておきたいんです。絵本なら原画が手元に残るでしょう。そして絵を1人の人に売るよりも、もっと多くの人の目に触れることができる。僕の中では鳥の巣も、絵本を描くことも、生命が育つために物を創るというところでは同じなんです。鳥は何の雑念もなく、ただ我が子の命を守るためだけに巣を作る。だから純粋で美しい。子どもを育てることは何よりも尊いじゃないですか。どんな仕事も、どんなに素晴らしいレストランだって、最終的には子どもを生かすため、子どもの幸せのためにあると僕は思うんです。今はいろんなことで人と比べられる時代だけど、人と比べる必要なんてないんです。鳥はあっちの綿毛がついた巣の方がいいな、なんて思わない。それぞれ自分の暮らす地域や環境に合った巣を作り、工夫し、子を守る。そこに生きるヒントがあると思うんです」

　今、鈴木さんの息子さんは成人し、遠くで暮らしている。幼い頃は溺愛し、目に入れても痛くないほどかわいがって育てたが、無事巣立っていった。「だからもう、よほどのことがない限り連絡しません。ここから先は彼の人生だから」。自然の厳しさの中、たくましく生きる生き物の一つのように、鈴木さんは生きている。

1_山の中に自分で作った庭と家。小さな菜園で野菜を摘み、アトリエで絵を描いている　2_絵本の絵は主にアクリル絵の具で描く　3_絵本『みんなあかちゃんだった』の元になった絵日記。まったく絵本にすることは考えず、わが子の成長を描きたくて日々欠かさず描いていたそう　4_アトリエの中には、鈴木さん手作りの造作物も　5_アトリエの中は鳥の巣と鳥の巣関連の資料だらけ。大工さんと一緒に作ったログハウス　6_玉を押しつけて作ったかのような、この見事な球体カーブ。「鳥のお腹が丸いでしょ?だからこんなキレイな曲線になるんですよ」　7_これはアフリカツリスガラの巣。入口と見えるところは実はフェイク。蛇などが木をつたって来ても、雛がいないと見せかけるようになっている　8_薪ストーブの上には鹿の骨。「イノシシやシカがしょっちゅう出ますよ。骨は裏山で拾ってきました」　9_裏山から下りて来る動物と遭遇することもしばしばあるそう。

鈴木まもるさんの『絵本に目覚めた1冊』

『ちいさいおうち』

作:バージニア・バートン
訳:石井桃子（岩波書店）

「色々ありますけど…とても心に響いた1冊です。『ぼくの鳥の巣絵日記』の構図を変えずに季節の変化が感じられるようにした構成は、『ちいさいおうち』に対するオマージュです」。

田島 征三さん

絵本作家

泥絵具でダイナミックに描かれた絵本『ちからたろう』。
田島征三さんが30年前に描いた作品が、
今でも保育園や幼稚園で親しまれている。
今回訪れたのは自然がそのまま残る茂みに囲まれた仕事場。
小さな音を立ててベランダに落ちてきた木の実を拾いながら
田島さんはゆっくりとした口調で語ってくれた。

(momo vol.13 に収録された記事より)

肩書きは「覚悟の決まった恥知らず」

虫や鳥の声が響く雑木林の中。リスが木を登り、木々がポツリポツリと実を落とす。田島征三さんの仕事場は、土の匂いがする穏やかな地にある。『とべバッタ』『ふきまんぷく』『やぎのしずか』など多くの人から愛されている絵本を生み出している田島さん。日本を代表する絵本作家であり、画家であり、アーティストであり、ひとつの肩書きには収まりきらない田島さんは、自らを〝覚悟の決まった恥知らず〟と呼ぶ。

「今までと全く違った絵を描いて美術館へ持って行ったら『田島くんは恥と

いうものを知らないね』と言われてね。その言葉は、今までとは違うものを作ったことへの評価だと思っていいなと考えたわけ。自分のタイトルにしようと。だから肩書きは〝覚悟の決まった恥知らず〟。絵本作家とか何とか書かなくていいから」と、田島さん。そうは言われても、まさかその肩書きで呼べる人はそういまい。

本拠地に戻るのは2泊3日

「今回は伊豆に5泊する予定でね」というのは温泉旅行のプランではない。伊豆高原にある住まい兼仕事場に田島さんが滞在する日数のことだ。活動の場は日本各地にある。例えば、新潟の廃校となった小学校や、瀬戸内海の国立ハンセン病療養所など、田島さんは建物を丸ごと作品に変えてしまう。既存の空間内だけでなく、海辺や高原、島全体が時にはアトリエになり、天然の素材が制作道具となる。それらのいくつかの作業が重なると、帰宅が「2泊3日」になることも少なくないという。

取材に伺ったこの日も各地で仕事をこなす忙しいスケジュールの合間とあって郵便物や書類がたまりにたまっているようだった。それを仕分けしながら、田島さんが仕事場へと案内してくれた。

国産の無垢材が使われた天井の高い木造の家。部屋には制作用の木の実や

流木の数々が置かれている。作業台には絵具用パレットが使用後のままの状態だ。それから、タッパーがたくさん。

「僕は絵具を水に流さないんですよ。だから筆洗もそのまま。化学物質が使われているものを流して捨てないという考えが根本にはあるのだけど、残った色も混ぜて使うとその都度違う色が出てきておもしろい。汚い色の中にある美をずっと追求しているんだよね」。

残った絵具を無駄にしないためにタッパーも必須というわけだ。

子どもはみんな表現者

作業道具の間でふと目を引かれたのは、丸みを帯びた筆立て。柔らかなフォルムが美しい。場所を移してダイニングルームへ進むと、机や椅子も独特の丸みを帯びたデザインのものが多い。聞けば、それらは田島さんの長男で木工作家の田島燃さんの作品だとか。

3人の子どもを持つ父であり、孫もいるという田島さん。次男はシェフ、長女は三味線奏者としてもアート作家としても活動するなど、いずれも創作の道を歩んでいるという。

子育てについて質問してみると「全く関わってないよ」とサラリ。

「子どもに何かをアドバイスしてきたことは全くないよ。そうだな、ただ、絵だけはやるな、と言っていたかな。それに、自分を売り込むのはイヤだから。海外へ行けとも言ってきた。僕は度胸がないのか保守的なのか、完全な旅人にはなれないから、自分ができなかったことをやってもらいたかったっていう、ただそれだけ」。

一緒に絵本を読んだことはなく、入学式や卒業式、参観日も一度も行ったことがないという。運動会なんて大嫌い。

「それでも子どもたちはふと〝親父はすごいな〟って言ったりして。尊敬しているみたいですよ」と、微笑みながら付け加えてくれたのは、隣にいた奥さんだ。

散歩しながら通える店

外に飛び出せというメッセージ通りフランスやスペインを旅した次男の野歩（のぶ）さん。彼が営む店が仕事場から歩いて5分の近所にあるという。「行ってみる？」というお言葉に甘えて、早速同行させてもらう。

森の茂みの中に建つ、ゆるい空気が心地いい料理店。店内の装飾は野歩さん自らが手がけたという。

「父は昔からほとんど家にいませんでしたから。自分が影響を受けているとしたら、放浪癖があることくらいですかね（笑）」と、野歩さん。スローテンポな口調がお父さんと似ている気も…。穏やかな親子2人のツーショットは、かなりほのぼのしていた。

4

1

5

3

2

田島征三さん プロフィール

1940年大阪府生まれ。幼少期を高知県で過ごす。1962年多摩美術大学在学中に手刷り絵本を制作。'65年に初の絵本『ふるやのもり』を出版。'69年に『ちからたろう』でブラティスラヴァ世界絵本原画展金のりんご賞を受賞。同年東京都西多摩郡日の出町へ移り、農耕生活を送りながら版画、エッセイ、絵本などを制作。'98年に伊豆半島に移住。自然物を用いた作品を手がけ、フランスほか海外でも出展される。絵本作に『とべバッタ』『ガオ』『くさむら』など多数。受賞作も多い。また「絵本と木の実の美術館」や「青空水族館」を開館するなど活動は多岐に渡る。

（右）じいさまとばあさまが体の“あか”を集めて作った人形がやがて立派な若者に成長していく。ダイナミックに描かれた代表作の1つ『ちからたろう』（ポプラ社）
（左）『やぎのしずかのしんみりしたいちにち』（偕成社）。主人公は田島さんが実際に飼っていた雌ヤギの「しずか」。1975年に1作目が発表されてからシリーズとして出版されている

落ちている、おもしろいモノ

店を出て再び仕事場へ戻る帰り道、田島さんはビニール袋を片手に歩いていた。「これはヤマグリ。これはカヤで、それはエゴノキの実だよ」と道に落ちた木の実を拾いながら歩く。自然物を使って抽象画を描く田島さんにとって、木の実拾いは欠かせない。一緒に歩いていると、普段気にとめていない“生きる力”がいかにたくさんあるかに気づかされる。

かつて画家の宮迫千鶴さんが田島さんの自然物アートを「生命の記憶」と称した。命を宿した作品は、見る者の心に強く迫ってくる。

“力強い、躍動的な、エネルギーに満ちた”。絵本でも田島さんの作品は必ずそう形容される。田島さん自身もスケールが違う大きさがある。忙しい人でもある。けれど、仕事場の周りにあるものはいたって穏やかでのどかだった。息つく間もないような窮屈さは全くなく。自然も、家族も、道具すら、あるがままに深く深呼吸できているような。

散歩をしながら木の実拾いのコツをひとつ教わった。

「実を拾う季節は秋だと思っている人もいるけれど、おもしろい形があるのは夏。実が成り過ぎないように木が自分で摘果する時。その未成熟の実や殻に個性があるんだよ」。

スケールの大きな大作家の中に、永遠の小学生を見た気がした。

7

6

1_手前にあるのは「“ちからたろう”みたいな絵を描いてほしいと頼まれて」という制作中の絵。「50年も前の作品だから同じ絵は描けないのだけど、画風を戻すのもおもしろいね」。 2_最近は「35年ぶりに油絵を描いている」という 3_使いきらなかった絵具は乾燥を防ぐタッパーに入れて保管 4_座っている椅子は田島さんの長男、燃さんの作品。大きな窓から見える庭にはゴンズイやコナラの木などが成り、数多い植物と動物の住処になっている 5_田島さんの次男、野歩さんが営むカタルーニャ・ピレネー郷土料理店『くさむら』にて。ランチ、ディナー共に予約は2組まで 6_集めた実が作品の一部になるのは、ずっと先のこと。天日に干し、防腐効果のある柿渋に漬け、さらに干す。長い時間と手間を経て壮大な作品になっていく 7_木の実を用いた絵本の構想画。木の実の配置と「じみな色」「グレイ」といった色のイメージなどが描かれていた 8_障害を持つ人々が手作りした手透き和紙をキャンバスに、木の実を貼ってコラージュしている

8

田島征三さんの『おすすめの1冊』

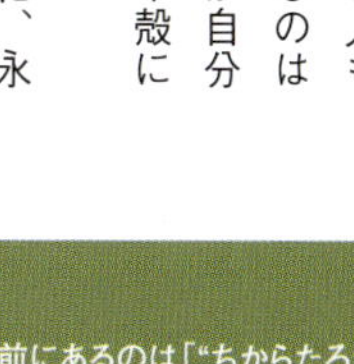

『ベタベタブンブン おおさわぎ』

作：長新太（岩崎書店）

「正直、目覚めた絵本は一冊もない。1960年当時、本屋で売ってる本でロクな本がないので、『よし！オレがすごいものを創っちゃろ！』と手刷りで『しばてん』を作った。その後、出た本でいいと思ったのは『ベタベタブンブンおおさわぎ』」

たしろ ちさとさん

絵本作家

カバの親子、音楽を奏でるネズミ、山を登るヤギ。
たしろちさとさんの絵本に登場する生き物たちは
ほのぼのと愛らしく、時には冒険家として活躍する。
なぜそんなにも主人公たちは魅力的なのか？
ドラマが誕生するプロセスを仕事場で見せてもらうと、
そこには絵本よりさらに奥行きのある「実は…」があった。

（momo vol.11 に収録された記事より）

愛嬌ある動物たちを間近に

神奈川県川崎市にある、絵本作家たしろちさとさんの仕事場へ。玄関先で出迎えしてくれたのは、たしろさんのまろやかな笑顔と1匹のビーグル犬。『くんくん、いいにおい』にも登場する愛犬のコルビジェくんだ。

ご主人の建築事務所に併設されたアトリエ。中へと進むと、すぐにさまざまな動物が目に入ってくる。木彫りのカバ、恐竜やワニの置物、本棚の仕切りもアニマルモチーフ。ひと目で動物好きの部屋だとわかる。草原を歩くゾウや獲物を捉えた野生ライオンなどの写真の数々は、たしろさん自身が間近

に撮影したものだという。

「タンザニアのセレンゲティ国立公園とンゴロンゴロ自然保護区に行ってきたんです。野生の動物を目にすると、もう何も言葉がありませんでした。このカバは…温泉に入っているかのようないい顔をして。あぁ〜、かわいい〜」。

ゆったりとした口調で語りながら、カバの写真を優しくなでるだしろさん。

小さな虫を観察し続けた日々

「夢見る子ちゃんでした」という幼い頃から、空想の中でも遊びの中でも動物たちと一緒だったという。

「子どもの頃は、ポチというベタな名前の柴犬を想像上で飼っていました(笑)。こびとの世界を想い描いたり、外では秘密基地ごっこをしたり、想像して遊ぶのが好きな子でしたね。でも現実でもスズメを追いかけたこともあれば、よく虫探しもしましたよ。ある時、土の中で虫を見つけて、家の植木鉢に入れたんです。自分ではそこで育てているつもりだったのが、後日見たら虫が消えていて。かわいそうなことをしたんじゃないかと、ずっと気になって…」。

たしろさんの作品に『じめんのしたの小さなむし』という科学の絵本がある。ハナムグリの幼虫が土の中で生き、やがて空へと旅立っていく。その物語には、虫の成長を最後まで見届けられなかった幼い頃の後悔の想いも込められているという。2年もの時間をかけて自ら幼虫を育て、観察日誌をつけ続けた日々。ビッシリ写真が貼られたノートには、幼虫が土繭を作る動きや形が丁寧に記されていた。「きっと夜通し働いていたんだなぁ」「エライ！」といったコメントまでも。

じっくりと観察や考察を重ねる、という過程があるのは他の作品においても同じだ。

「動物だったら4本足がどうやって動くかとか、性格も見ながら1匹ずつ観察して、とにかくいっぱいスケッチします。その中で〝この子を描こう〟という出会いが見つかると、作品にとりかかります」。

見えないところも見つめる

30ページほどの絵本を仕上げるまでに、たしろさんが描くラフ画（下絵）は200枚近くに及ぶことも。表には出てこない前後のストーリーや街の様子なども詳細に設定されている。「映像を作るようにシーンを考えて、いろんなカットを描いていくんです。最終的には使わない絵もたくさんありますよ」。

『5ひきのすてきなねずみ』シリーズでは、布でねずみを作り、模型の家を建て、ミニカーをくりぬき、モーターを付けてネズミ用の車を手作りしたそうだ。「想像しながら作ってみたら、小さいってすごいなと気づきました。私では手が大きくて作れないものも、ネズミなら上手に作れるだろう、と。ネズミの音楽会を考えた時には、ネズミが道具に使いそうなスプーンやおたまをカンカン鳴らしながら鉄筋のような楽器を作りました。そうしたら本当に音階ができたんです。〝あっ、これは作品にできる〟と思えた瞬間でした」。

思いもよらないところからストーリーが誕生したこともあったという。動物に会いにタンザニアへ行く計画を立てていた時のこと。『ぼくはカメレオン』以来、たしろさんの作品を世界へと出版している名編集者マイケル・ノイゲバウアー氏から、動物に会う前に「一緒に山登りをしよう」とキリマンジャロ登頂のためのトレーニングプログラムが送られてきた。登山未経験のたしろさんは必死でトレーニングを積み、初めての登山を無事体験できたという。その経験が『ポレポレやまのぼり』の作品へと繋がった。ちなみに物語に登場する大荷物の憎めないヤギくんは、ご主人がモデルだとか。

幼い頃の感性ってスゴい！

たしろさんの作業机の前には「何でも貼っていい」大きな壁板がある。取材した日にはスケッチやラフ画が貼られていたが、一番上にクレヨンと透明水彩で鮮やかに描かれたチョウチョと

たしろちさとさん プロフィール

東京生まれ。明治学院大学経済学部卒業後、4年間の会社勤めを経て絵本制作を開始。'01年、初作『みんなの家』が児童向け月刊誌に掲載される。'03年『ぼくはカメレオン』が世界7カ国語で同時発売され注目を集めた。『ぼく うまれるよ』（アリス館）で第21回ブラティスラヴァ世界絵本原画展入選。『5ひきのすてきなねずみ　ひっこしだいさくさん』（ほるぷ出版）で第16回に日本絵本賞受賞。その他の作品に『おまつりのねがいごと』（講談社）、『がたぴしくん』（PHPわたしのえほん）など。

世界にただ1つの特別なレストランを描いた『せかいいちまじめなレストラン』（ほるぷ出版）や、どうぶつたちの楽しい音がたのしい『どうぶつどんどん』（大日本図書）など新刊も続々。

花のかわいらしい絵があった。

「あれは幼稚園の頃に描いたんですよ。今では一生懸命描きすぎて、つまらない絵になることもあって。だから時々、自由に描いていた時の気持ちを思い出そうと、あの絵を見るんです。上手ではないけれど、子どもって、はみ出すとかキチンと塗るとか考えないところがすごく良かったりするじゃないですか。そんな気持ちを忘れないでいたいですね。子どもの頃、両親と旅行へ行って帰ってくると、思い出を振り返って〝もう1回楽しむ会〟みたいなことをしていました。イチゴ狩りのあとに折り紙でイチゴを折ったり、ビニールハウスのミニチュア版を父と一緒に作ってみたり。旅行のこと自体は忘れていて、そういうもの作りの方を覚えていたりします（笑）」

絵本は長距離走!?

「絵本って長距離走だけれど、私は身も心も短距離体質。1人ではできないことがたくさんあるけれど、誰かと協力すると何かができあがるじゃないですか。音楽でも、作品でも。そうして誰かと一緒にできるのはすごいことなんだよと、作品を通して伝えていきたい。そして、生きているものを、もっと生きているように描きたいですね」。

1_木漏れ日を浴びて昼寝をするコルビジェくん　2_数多く絵本が詰まった本棚　3_『5ひきのすてきなねずみ』シリーズを読めば、これだ! と分かる特製レースカー。中にはちゃんと手作りのネズミが乗っている。ネズミの楽器や模型の家も　4_『5ひきのすてきなねずみ　おんがくかいのよる』のラフ画。100枚を越すスケッチを描いた後、シーンを厳選していく　5_ハナムグリの幼虫の様子を写真と共に綴っている観察日誌。その後完成した作品が『じめんのしたの小さなむし』。　6_「発色がいい」カランダッシュの色鉛筆。会社勤めを辞めた時、退職金で買い、絵本作家になることを誓ったという　7_スケッチやアイデアがペタペタと貼ってある。感性を豊かにしてくれる壁　8_タンザニアに生きる野生の動物たち。近くまで行き自ら撮影。「写真を見ていると、また行きたくなっちゃうな」と、たしろさん　9_色付けは主にアクリルを使用　10_2匹のカメの下にあるのは「おはなしのたね」。アイデアやフレーズなど何でもメモ書きして箱にためている

たしろちさとさんの『絵本に目覚めた1冊』

『かばくん』

作:岸田衿子　絵:中谷千代子
（福音館書店）

たしろさんが大好きな1冊。のんびりしたかばの様子を、のんびりと眺める子どもとカメ。不思議な空気感と、不思議な言葉のリズムと温かさがクセになる作品。

鈴木のりたけさん

絵本作家

**ユニークな作品で注目を集めている
絵本作家・鈴木のりたけさん。
そんなのりたけさんの仕事場を訪ね、
ヒット作が生まれる現場と人柄をのぞいてみた。**

（momo vol.1 に収録された記事より）

捨てられない絵筆

訪れたのは首都圏にある鈴木のりたけさんの自宅。屈託のない笑顔で仕事部屋に案内されると、「しごとば 東京スカイツリー」のイラストをはじめ、見覚えのある絵がいくつも目に飛び込んでくる。

6帖ほどの室内には木製の机が2卓。1つは約1年前にアンティークショップで購入したもの。もう1つは奥さんが子供の頃に使っていた学習机だ。机の上には資料、デジタルカメラ、絵筆、マーカー、パソコンなど、作品づくりに欠かせないアイテムが並んでいる。

のりたけさんはアクリル絵の具で作

品を描くことが多い。「ペンキのように重ね塗りができるので、ほとんどの作品をアクリル絵の具で描き上げます。筆は市販の面相筆。先がへたばると使えないので、1枚描き上げるごとに新しいものに取り替えます」。ところがデスク下の引き出しを開けると古い絵筆が何十本も出てくる。「なんとなく捨てられないんですよ。機会があればちゃんと供養してあげたい」とのりたけさんは笑う。

繊細な色を生み出す技

デスクの脇にはカメラのフィルムケースが並ぶ。「これは自分で調合したアクリル絵の具のストックです。描くたびに色を作っていると、元の色に戻れなくなることもあるので、よく使う色はこうしてストックしておきます。特に滑らかなグラデーションを描くときは重宝しています」。

ドライヤーとリターダーも作品づくりに欠かせない。「絵の具は乾くと微妙に色が変わってしまうので、仕上がりを早く確認したいときはドライヤーで乾かします。反対に描く時間を長くしたいときはリターダーという溶液を絵の具に混ぜて乾きを遅くします」。のりたけさんの繊細な色づかいは乾きを自在にコントロールすることで生まれているようだ。

緊張を解きほぐすモノたち

さまざまな画材にまじって、ギター、ミニカー、木製玩具なども仕事部屋に並ぶ。「学生時代にバンドをやっていたので、気分転換でよくギターを弾きます。木のおもちゃは考え事をしながら何となく触っていることが多いですね」。

たまに顔を出す子どものために、仕事では使わない色鉛筆もデスクの上にある。「仕事中はあまりかまってやれないので、紙と色鉛筆をサッと渡せるようにしています。床にある円卓は子供のお絵かきテーブルです」。

作品づくりが佳境に入ると1日12時間も仕事場にこもるのりたけさんにとって、緊張を解きほぐすモノも欠かせないようだ。

シザーハンズになる

のりたけさんは卓上イーゼルを使って絵を描く。「当初はデスクの上に作品を広げていましたが、腰に負担がかかるので今のスタイルになりました。イスも体への負担を考えてエルゴヒューマンの製品を使っています。パレットは利き腕の右手側に置き、左手には太さの違う絵筆を数本持ちます。そして右手で使う筆を選びながら作品を描いていきます。これを見る人は映画のシザーハンズのようだと言います」。

描画は深夜におよぶことが多いという。「本当は昼にシフトしたいのですが、家事や育児を手伝っていると、どうしても夜遅くなります。ただ、深夜はとても集中できる時間帯なので、気がつけば明け方になっていることも珍しくありません」。それでも家族のために毎朝7時に起床するというから驚きだ。

絵本作家の読み聞かせ

仕事場を見ている内にふと疑問が頭をよぎる。絵本作家は子供に読み聞かせをするのだろうか。「もちろんしますが、つい感情移入してしまって、セリフも迫真の演技で語るので、逆に子供が興奮してしまいます。だから寝かせ付けにはまったく不向きですね」。子供と全力で遊ぶのりたけさんの姿が目に浮かぶ。「でも、別の方法なら寝かせ付けは得意です。子供と仰向けになったまま、ボールを一定のリズムで天井に放り投げていると、子供は決まって眠りに落ちます。妻は『あなたにしかできない特殊技能』と言いますが、そうかもしれません。一度でもボールを落としてしまうとアウトなので」。

自由でしなやかな生き方

のりたけさんは、元新幹線の運転士という異色の経歴を持つ。しかし大企業の一員では味わえない〝手触りのあ

1

2

3

4

5

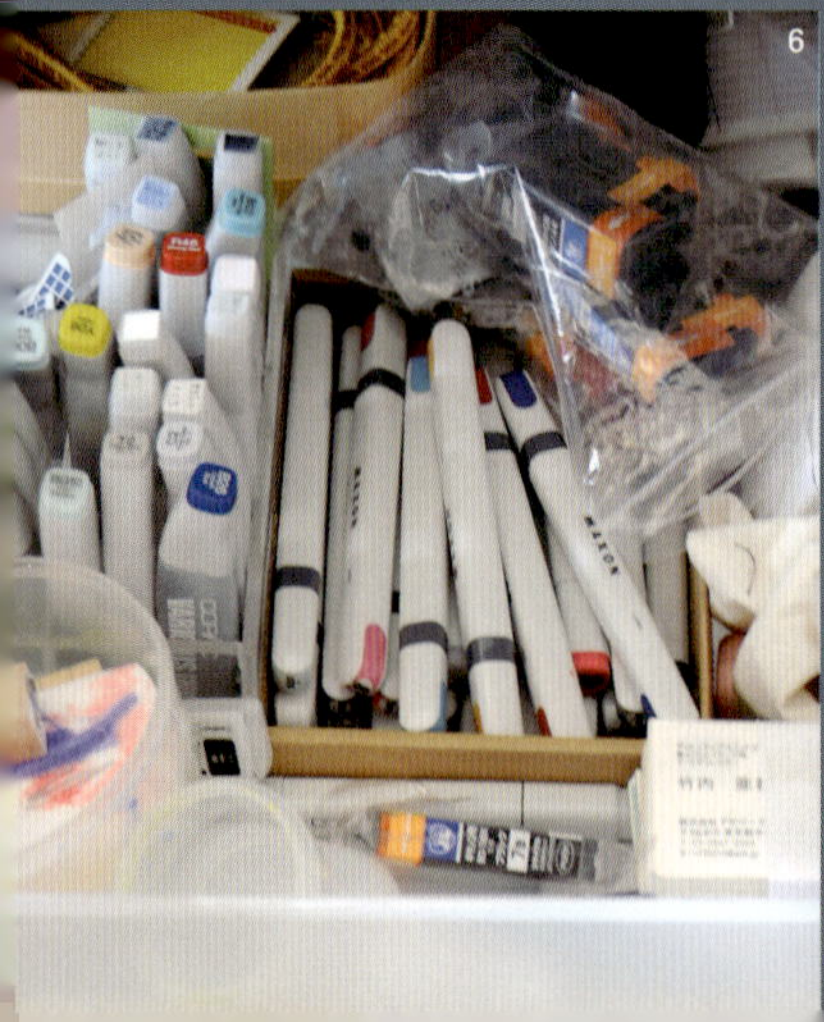
6

鈴木のりたけさん
プロフィール

1975年静岡県浜松市生まれ。JR東海、グラフィックデザイナーを経て絵本作家となる。『ぼくのトイレ』(PHP研究所)で第17回日本絵本賞読者賞、『しごとば　東京スカイツリー』(ブロンズ新社)で第62回小学館児童出版文化賞受賞。ほかの作品に『しごとば』シリーズ(ブロンズ新社)『す～べりだい』(PHP研究所)『おしりをしりたい』(小学館)『ねるじかん』『とんでもない』(アリス館)などがある。千葉県在住。二男一女の父。

著書にはユニークな作品が多い。ラグビーボールに色を塗ったら何に見える?という「らくがきボール」(小学館)や、おでこにはめるなりきり絵本「おでこはめえほん2　はくぶつかん」(ブロンズ新社)、なかなか寝ようとしない男の子に起こる不思議な世界を描いた「ねるじかん」(アリス館)など。

る仕事〟を求めて退職。雑誌づくりに興味を抱きデザイン事務所に勤務する。そこでイラストを描く楽しさに触れると、〝子供の頃から絵を描くことが好きだった自分〟を再認識し、２００９年に独立して絵本作家になった。ファンの間では有名なストーリーだ。では、生まれ変わっても絵本作家になるのだろうか。「自分の思いに忠実に生きてきたので、生まれ変わっても、そういう生き方をしたいですね。それが絵本作家なのかどうかは分かりません。ひょっとすると数年後には別の仕事をしてる可能性もあるくらいですから」。ファンとしては聞き捨てならないセリフだが、のりたけさんらしい自由でしなやかな発想だ。

作家の感性が息づく小宇宙

作品づくりを支えるアクリル絵の具、面相筆、フィルムケース、ドライヤー、卓上イーゼル。それらに混じって並ぶ奥さんの学習机、捨てられない絵筆、子供の色鉛筆、ギター、ワイン。この仕事場にはヒット作品を生み出す理由と、絵本作家・鈴木のりたけさんの感性が息づいている。それはまさしく、のりたけさんが描き出す世界のように多面的な魅力にあふれた小宇宙だ。

1_卓上に並ぶ新品の面相筆、ドライヤー、色鉛筆、コピックマーカー　2_卓上イーゼルを使って絵を描く。このサイズの作品で完成まで4～5日かかるという　3_描画中の左手はシザーハンズ状態　4_愛読書「CROSS-SECTIONS BOOK EVER」の誌面。のりたけさんの原風景が見える　5_鉛筆で書いた「しごとば」シリーズの下絵。あくまで校正用だが、完成品と変わらない状態まで描き込むという　6_雑誌「AERA with Baby」の連載はコピックマーカーで描いている。これも色の調合が可能　7_アクリル絵の具で使う保湿パレット。フィルムケースに調合した絵の具をストックしている　8_思案中に何となく触っている木製玩具。木の手触りが好きとのこと　9_ワインコルクで作った人形。「ちょっと恐くて娘には不評でした」と笑う

鈴木のりたけさんの『絵本に目覚めた1冊』

『かわ』

作:かこさとし
(福音館書店)

「絵を描くようになってから改めて『かわ』を見直して、子供の頃に味わった興奮に似た感覚が蘇ってきました。見て、読んで、世界を知るという快感を教えてくれます」

高畠 那生さん

絵本作家

**東京都世田谷区、緑の多い静かな住宅街。
訪れたのは『みて!』『カエルのおでかけ』などの
作品で知られる絵本作家、高畠那生さんの仕事場。
自然光がそそぐ明るくオープンなこの部屋で
笑えて驚けてツッコメる奇想天外な物語が生まれている。
話を伺うと、高畠さんの着眼点はやっぱりおもしろかった。**

(momo vol.12 に収録された記事より)

ほどよく自由のある空間

奥さんと2人で色塗りをしたという真っ白の壁に囲まれた一室。高畠那生さんの仕事場は、シンプルで清楚。その中に「これは何だろう!?」と気にならずにはいられない小さな雑貨が目立ちすぎない紛れ具体で飾られて、何の気もなしという愛想をした置物が、妙にいい味を漂わせている。

『でっこりぼっこり』『だるまだ!』『チーター大セール』など、高畠さんの絵本は子供も大人も笑わせてくれる。ありえない展開なのに共感を誘い、物語が着地したと思うとまた膨らんで

いく。不思議な遠近感で描かれている背景や、ツッコミどころが隠れているのも楽しい。そこには独特の視点がある。仕事場でも、さっそく高畠さんならではのセンスが伺えた。

心を動かすサイドストーリー

壁一面に作られた大きな本棚には、小学2年と4年になる2人の娘さんの愛読書もあり、家族のお気に入りが一同に並んでいる。好きな1冊を尋ねてみると、選んでくれたのは『ピッキーとポッキーのかいすいよく』。

「子供の頃にドキドキしながら見ていましたよ。コレがね、もうたまらなく好きで!」と言いながら指差していたのは、ピッキーでもポッキーでもなく、主人公の後ろをついていくネズミ。脇役ながら、いまにもひっくり返りそうに見えるイカダに乗っている姿に、強く心が惹かれたのだという。

「主軸となるストーリーとは違うところにあるものが僕は好きなんです。ある世界のある部分を切り取った時、1つのものしか写っていないということは、実際にはほぼないですよね。主体の周りに別の何かがあるのは自然なこと。そのサイドストーリーのほうがおもしろい」。

高畠さんの作品でも、周囲に存在する「なんだろう、これ?」があるから何度も楽しめる。

〝笑える〟という構想も作品づくりのポイントのようだ。

「いい絵本ってあるじゃないですか。涙が出てきたり、ずっと抱きしめておきたいだとか。そういうものも作ってみようとしたんですけど、まーつまらない話ができて（笑）。

どんなに頑張っても自分にはできなかったので、向いていないのだと諦めました。微妙な心情を描くのは苦手なんですね。じゃ、何が得意なのだといったら、ドタバタな新喜劇みたいなものです。決まったオチがあるとわかっていながら笑えるという」。

実際、岐阜に住んでいた小学生の頃にはテレビで放送される新喜劇を毎週見ていたほどお笑い好きだったとか。20代になってからは、ドラマや映画の脚本・監督を手がける三木聡さんの作品に影響を受けたという。本棚には作品集がそろっていた。

「三木さんが脚本を手がけていたドラマがすごく印象に残っていて。小ネタが満載なんですよ。僕にとって三木さんは憧れの人。あまりに好きすぎて、自分の作品をまとめて送ったこともありました。ラブレターと共に（笑）。そうしたらご本人が個展に来てくれたんですけど、驚いてドキドキしちゃって、何もしゃべれませんでした」。

ありのままでいること

高畠さんは、絵本作家の高畠純さんを父に持つ。といっても「父の仕事に対する憧れみたいなものは特にありませんでした。アドバイスを受けたこともなく」と、幼い頃から、自分で好きなように絵を描いてきたという。

3代目へと続くDNAなのか、絵を描くことが好きなのは高畠さんの長女も同じだそう。テーブルライトには、娘さんが描いたイラストが貼ってあった。その周りには高畠さんのメモや小さなスケッチも。

「仕事を始めてからのラフ画は、ほとんど捨ててしまったのでないんですよ。最近は出版社にとっておけと言われるので残すようにはしているんですけど」。確かに、絵本作家さんのアトリエではよく見かけるスケッチの山は見受けられない。何事もパッと切り替えて次へ行くタイプのようで、「何かにこだわることがまずない。趣味もない」とキッパリ。

「今の生活で一番時間を費やしているのは仕事ですね。家で仕事をしているので子育てはできることはやっています」。

自然体というこだわり

こだわらない、無理しない、そんな高畠さんだが、仕事場において唯一こ

4

1

3

2

高畠那生さん プロフィール

1978年岐阜生まれ。東京造形大学絵画科卒業。『むかったさきは…』で第25回講談社絵本新人賞佳作を受賞。『カエルのおでかけ』で第19回日本絵本賞受賞。主な作品に『チーター大セール』『でっこりぼっこり』（絵本感）、『だるまだ!』『あるひ　こねこね』（長崎出版）、『セッセとヨッコラ　ひみつのプレゼントさくせん』（フレーベル館）など多数。『週刊現代』のイラスト連載をはじめ、絵本の他にもさまざまな挿絵を手がけている。大人も一緒に楽しめるワークショップも好評。2匹の犬を飼っていて、二女の父。

（左）大きな大きなアレが、空から落ちてきたら…きみだったらたべる? なんていう不思議ワールド「そらからぼふ～ん」（くもん出版）。
（右）子どもなら誰もが連呼する、あのひとことがテーマ。『みて!』（絵本館）。シンプルでいてジワジワ笑える。最後の女の子の表情が秀逸

だわったというが作業台の高さだとか。画用紙と水彩絵具を置くメインの机に合わせ、筆や水洗器を置くサイドラックの高さを計算してオーダーメイドした。「他にこだわりはないんですよ」と笑顔の高畠さん。

「話をちゃんと読んでくれていなくても、どこを見てくれても、いいです。僕の絵本のどこかに興味を持つことがあってもいいし、なくてもいい。受け取る人がその時に必要なものを感じとるきっかけになれば。そういう存在であることが自然かな」。

多角的に見るとおもしろい

「この前、歌舞伎を見に行ったんですよ。役者の傍らに黒衣がいるじゃないですか。みんながその黒衣を見ないふりしているのが気になっておかしくて。見せる側と見ている側が、黒は見ないという約束事のもと成り立っているわけでしょ。最初にそれでOKとした心の広さがすばらしい。場面転換の時には上から見ると裏側の仕掛けまで見えるんですよ。1つの同じ場所を違ったシーンに変えるという舞台の見せ方には感心させられます。肝心の歌舞伎のストーリー自体は、あまりわからなかったですけどね（笑）」とひとこと、最後まで和みを添えてくれたのが、また高畠さんらしかった。

1_壁一面が大きな本棚に。子供たちの工作や、作品に登場するキャラクターも飾られている　2_「仕事場に訪れたほとんどの人がトライしたがる」という顔出し看板。高畠さんの絵本『カエルのおでかけ』に登場する、どしゃぶりが大好きなカエルくんとのツーショット　3_構想やスケッチが描かれたノート。どれも最初の数ページしか使っていないらしい。「ノートって最後まで使えないんですよ」と高畠さん　4_筆の水洗い用のボールのフチと、色付け作業をする机の高さが平行にぴったり一致するように設計されている。ここが、違和感なく作業を進められる大事なポイント　5_写真右に並んでいるのは高畠さんが「憧れの人」と語る三木聡さんの脚本・監督作品　6_「長女の誕生日のお祝いに」と自ら手作りした冠をかぶって。形に合わせて思いつくまま絵を付けたそう　7_新作のラフ画と原画。絵本として印刷されると色合いが少し異なってしまうが、原画は色合いが鮮明でさらに惹き付けられる魅力がある

6

6

7

高畠那生さんの『絵本に目覚めた1冊』

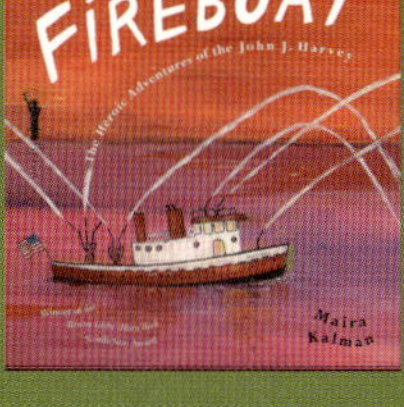

『FIRE BOAT』

作:Mira Kalman
（G.P. Putnam's Sons Books for Young Readers）

「絵本を作ってみたいと思うようになってから見た時の印象と、それ以前の印象とは全く真逆だった作品。"絵本"というジャンルに収まりきらないような可能性を感じショックを受けました」。

今森 光彦さん

写真家・ペーパーカットアーティスト

今回、お邪魔した仕事場は、数多くの昆虫図鑑などを手掛けることで知られる今森光彦さんのアトリエ。20代から自然の風景や昆虫の撮影を始め、現在64歳。毎年数多くの著書を出版し続けている。その仕事場を拝見した。

（momo vol.6 に収録された記事より）

里山とそこに住む生物を愛し、その姿を写真と切り絵に残す

琵琶湖近くに広がる美しい田園風景。そんな里山に今森光彦さんのアトリエがある。今森さんと言えば昆虫写真が真っ先に思い出されるが、他にも「里山」「切り絵」と異なるフィールドを持つ。これらは今森さんがすべて好きで始めたこと。庭には花や落葉樹が多く茂り、あたかも自然をそのまま生かしたかのようにも見える。でもこれらの木はすべて今森さんが植えたものだ。家をここに建てる前、ここにあったのはスギやヒノキなどの針葉樹。放置された雑木林を全部切り払い、クヌ

ギやコナラといった落葉樹を植え、あとは時間の経過を経て今の姿になったという。「ヒノキを全部とり払った後、地面から自分が植えてもない植物が芽ぶきました。陽があたり、眠っていたものが起きたのでしょうね」。フィールドワークともなっている庭には昆虫や鳥たちが多く集まる。「手つかずの森や草原の方がずっと昆虫が多いように思うでしょ？案外そうでもなくて、人と自然の間にある里山にこそ多くの生き物が暮らしているんです」。

祖母が名前で教えてくれた

小さな頃、昆虫少年だったという今森さん。友達も多く、よく外で遊んだ。その時代の遊びと言えば虫捕りや釣りぐらい。虫だけでなく、魚も鳥も生き物は何でも好きだ。「遡れば祖母の影響かもしれませんね。母は虫が嫌いな人で、父は仕事が忙しかった。でも祖母と散歩していると『ほら、あそこにハヤがいるよ』なんて教えてくれた。ただ魚がいる、というのではなく、わざわざ名前で呼んでいた。意識してそう言ったのかは分かりませんが、今になって思えばそれが生物に対する興味の始まりだったのかもしれません」。

切り絵に目覚めたのは小学1年生の頃。裁縫用の断ち切りバサミを持ちだして、紙で虫の形に切ったのがはじまりだという。「不思議ですよね。日中、あれほど生きた昆虫や魚を捕まえて遊んでいたのに、寝る前にわざわざ紙でそれを再現するなんて。切り絵は写真よりもずっと前に出合った美の表現でした。美しくて不思議な形をした生物を子どもなりに残しておきたかったのでしょうね」。

昆虫は自然を理解する扉

毎年、夏には子どもたちを集めて行う昆虫合宿。その中には虫が苦手な親や子どもも混ざっていて「克服するために」と意気込んで来る場合もあるそうだ。

「帰る頃にはみんな昆虫が好きになります。知れば知るほど面白いんですよ。虫ほど色や形が多様な生物はいません。そして子どもが命を任される、唯一と言ってもいい動く生き物です。自らの力だけで捕まえることができ、その後、逃がすも、生かすも殺すも、その手に委ねられています。虫を捕まえたら可哀想という人がいますが、それが建前の場合もありますよね。『虫さん、お母さんのところに帰りたがってるよ、可哀想だから逃がしてあげようね』というのは、虫嫌いな親にとってみればちょうどいい口実だったりします。そうやって知らず知らずのうちに、せっかく芽生えた自然への興味を摘んでしまう。最近は教育の現場でも『捕まえずに観察しましょう』と教えていることがありますが、昆虫は観察する前に飛んでいってしまいます。それは観察ではなく、ただ見かけただけ。そこから思考は深まりません。自分で捕まえて責任を持って飼うことで、どんな声で鳴き、どんなものを食べるのか姿形まで、じっくり観察することができ、より深く生き物に興味を持つことができます。虫捕りは集中力がいるし、体力も、知恵も忍耐もいる。素早く捕るための運動神経もいります。すぐ飽きて死なせてしまう、その繰り返しで命を軽視するのではないか、と心配する人もいますが、ちゃんと飼い方を知っていれば何カ月も、時には何年も飼うことができます。また何度も虫を捕まえるうち、この虫は珍しいとか、この辺りにいるとか、逆にどんな場所にはいないのか、絶滅危惧種についてなど、広く自然について考えるようになる。昆虫は自然を理解する扉です。私たちは彼らの小さな命から学ばせてもらっているのです」。

理解することから、思いやりと、情緒が育まれる

「食物連鎖の中でいえば虫は底辺に位置し、鳥や動物の食べ物にもなります。子どもが捕ったら鳥の分が減り、生態系が乱れるのではと危惧する人もいますが、虫は子どもが捕ったぐらいでいなくなる数ではありません。私は

5

1

3

4

2

今森光彦さん プロフィール

1954年滋賀県生まれ。写真家。琵琶湖をのぞむ田園風景のなかにアトリエを構え、自然と人との関わりをテーマに撮影する。一方、熱帯雨林から砂漠まで、世界の辺境地の訪問を重ね、生物や人などあらゆる自然を見聞し、取材をつづけている。第42回産経児童出版文化賞大賞、第56回小学館児童出版文化賞など数多くの賞を受賞。またペーパーカットアーティストとしても知られる。著書は『世界昆虫記』(福音館書店)。その他『わくわく切り紙　昆虫館』(童心社)など多数。

小さな子ども向けの切り絵の絵本もおすすめ。蝶の羽ばたく音の違いを表した「とんだとんだ」(福音館書店)、当てっこが楽しい「まんまるだあれ」(アリス館)。

虫を捕る多くの動物たちの中の1つとして、人間の子どもが加わってもいいと思うんです。確かに鳥のように捕った昆虫を食べて体の栄養にする訳ではない。でも心の栄養にはなる。子どもにはそれが必要です。むしろ虫と一切触れあわず、大人になることの方が怖い。コンクリートや芝生で埋め立てた公園など、到底自然や生物を理解している人の仕事とは思えません。虫も鳥もこない場所を作り、棲家となる里山をなくすことの方が、よほど生物にとって残酷です。社会的に一人前と認められていない子どもが、自然の中でその生物の第一発見者になり、自分の力だけで捕る感動を想像してみて下さい。持ち帰ったら図鑑で調べ、名前を知る。虫を捕まえたことにより、そこから何かを学び取る、その繰り返しが、生き物や自然への理解を必ず深めてくれるはずだと私は信じています」。

今森さんが一番好きな虫はギフチョウ。里山の象徴で、感じのいい里山だなぁと思うと必ずと言っていいほど、ギフチョウが飛んでくるという。

日本人は昔から虫で季節を感じ、共存してきた。どうしても苦手なものは仕方ない。でももし、子どもが自然へ興味を持ち始めた時、親の方からその扉を閉ざさないようにだけはしたい。

1_アトリエの庭には太陽の当たる場所と日陰、さまざまな樹木がある　2_庭に花も多く、蜜を吸いに集まる虫もやってくる　3_仕事道具のカメラ。望遠レンズからマクロレンズまでいつも持ち歩く。ただ、生き物に比べると、機材にはあまり執着しない　4_仕事場となるアトリエ。田園の中にぽつりと建つ　5_庭で写真を撮ることも。昆虫採集に似て、狙いを定めて外さない。動きが素早い！　6_切り絵などは庭を眺める窓辺のダイニングテーブルで仕事をすることも　7_資料室はあちこちにたくさん。これでもほんの一部

6

7

今森光彦さんの『絵本に目覚めた1冊』

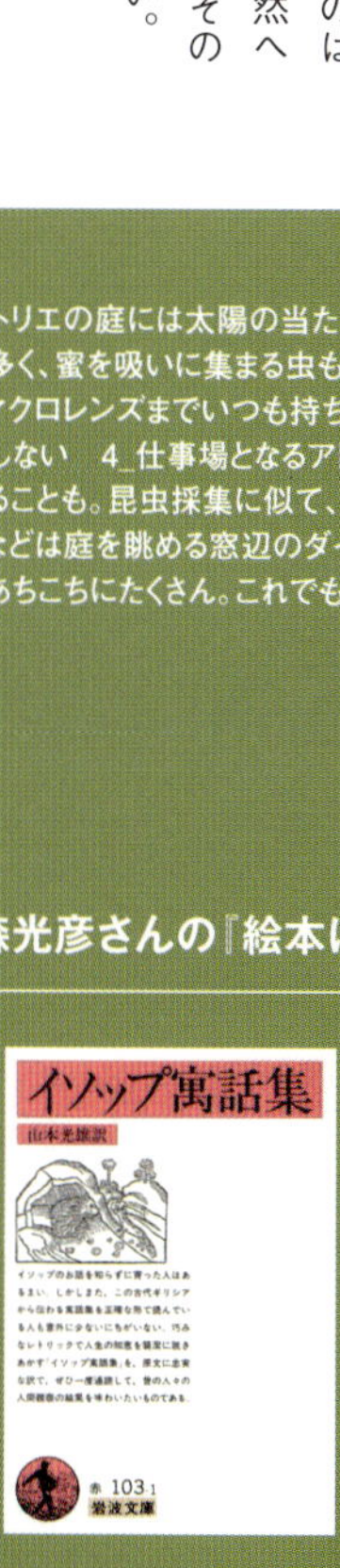

『イソップ寓話集』

作:イソップ　訳:中務哲郎
(岩波書店)

子ども向けの人生訓話として世界中の人々になじみ深いイソップの動物寓話。読み手の立場によって様々に解釈可能な奥深い世界がある。

きくちちきさん

絵本作家

今回、お邪魔したのは、『しろねこ くろねこ』や
『ちきばんにゃー』などの人気作品を多数発表している
絵本作家・きくちちきさんの仕事場。
あの独特な世界観とダイナミックな画風はどのようにして
生まれるのか。気になる仕事場をのぞいてみた。

（momo vol.7 に収録された記事より）

骨董市で運命の出合い

東京都の閑静な住宅地。行き交う人の表情もどこか優しい街並みの中に、絵本作家・きくちちきさんの仕事場がある。6帖ほどの部屋にはアンティークのウッドテーブルが2脚並び、壁にはお気に入りの絵本や木製玩具がずらりと並ぶ。窓から見えるのは緑豊かな木立。およそ東京とは思えない静かな風景を眺めながら「北海道出身ということもあって静かな場所が好きなんです」ときくちちきさんは穏やかに語る。

水彩絵の具、墨汁、色鉛筆など、多彩な表現方法を用いるきくちちさんの仕事場には、さまざまな画材がところ狭

しと置かれている。中でもきくちさんが最近思いを寄せているのは彫刻刀だ。「これは版画家の棟方志功さんも通っていたという専門店で買ったもの。とても手になじむので大切にしています。ただ、11本セットの中で実際に使うのは2本だけ。贅沢ですね」と静かに笑う。

大の骨董好きを自認するきくちさんの仕事場には100年前の絵本が飾れている。「これはある骨董市で見つけたフランスの古い絵本です。とても丁寧な手作りで、手に取った瞬間に電気が走るようなショックを覚えました。もしもこの絵本と出合っていなければ、ぼくは絵本作家になっていなかったと思います」。

天板に残るエネルギーの痕跡

ダイナミックで躍動感あふれる描画スタイルに反して、きくちさんの物腰はとても柔らかく、語り口も静か。けれど、絵を描き始めると印象は一変する。「ぼくは1枚の絵を完成させるまで何十枚、ときにはもっと描くので、製作が佳境に入ると1日に20時間以上も描く日が数週間続きます。その状態になると食事はなるべくしないようになり、睡眠もちょっと床にゴロンとするだけです」ときくちさん。穏やかな口調とは裏腹に鬼気迫るものがある。しかも絵を描くときは立ちっぱなし（！）だという。

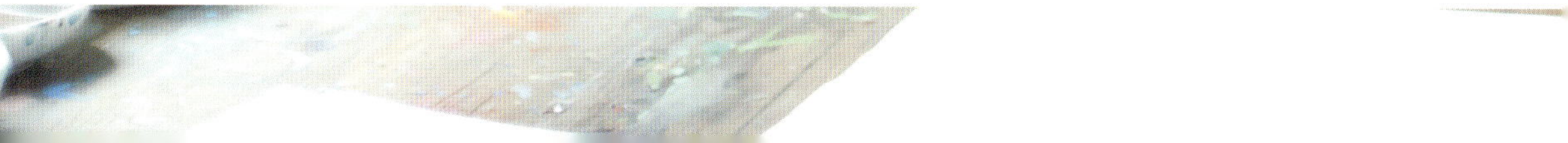

「絵のみずみずしさや、躍動感を表現するためには立った状態で勢いよく描く方がいいですね。それにボクは大きな紙に原画を描くので全身を使わなければ描けません。最近の作品では横110㎝、縦40㎝の紙を使いました。その意味でも立って描くスタイルが適しています」

アンティーク机の天板に残された色とりどりの斑点、直線、幾何学模様。それは強烈なエネルギーをはらんだ絵筆が大きな紙から飛び出した痕跡だ。

まぐれで描けた線が好き

きくちさんは出版社の編集者と綿密な打ち合わせを繰り返しながら絵本を作りあげる。1枚の絵に対して何十枚もラフ画を描き、幾度も修正を加えた上で本画の製作に取りかかる。「でも、本画を描き始めると気が変わっちゃうんですよ。ここはこうした方がいいとか、やっぱりこっちの方がいいとか。そうなるとまたラフ画の段階に逆戻りです。版画でも自分で描いた下絵を無視して彫ってしまうこともしばしばです」。まさに編集者泣かせだが、そこにはきくちさんなりの哲学が宿っている。「最終的に気持ちよく描けたか、どうか。それを大切にしたいんです。勢いをつけて何百枚も描き上げる中で、気負わず描ける瞬間を待っています。誤解を恐れずに言えば、まぐれで描けた線が好きです。版画が好きな理由も絵筆のように自由に描けないところ。思い通りにいかないからこそ、思いがけない線が描けたりするんです」。

仕事場のテーブルにはたくさんのラフ画に混じって、言葉をいくつも書き留めた紙も載っている。「言葉を考えるのも絵を描くプロセスに似ていますね。1つのシーンに対していろんな言葉を考え、その中からピンとくるもの紡ぎ出すイメージです。ただ、ストーリーそのものは日常生活からヒントをもらうことが多いですね。例えば『しろねこくろねこ』は近所のネコがモチーフです。自転車に乗っている時、虫が顔の横をふわっと飛んできて生まれた物語もあります」。

100年後に送る手紙

きくちさんは『やまねこのおはなし』や『わたしのひみつ』のように、ほかの作家のストーリーで絵を描くこともある。「出版社から提案があって引き受けるんですが、自分の世界観だけでは描けないので難しいですね。ただ、作家さんと編集さんが自由に描かせてくれるのでとても助かっています。それにぼくは新しいことをするのが好きなんです。ゆくゆくは彫刻や陶芸にも挑戦したいですね。そしてそれらを並べた空間がそのまま絵本の世界になるような展示会ができたらと思っていま

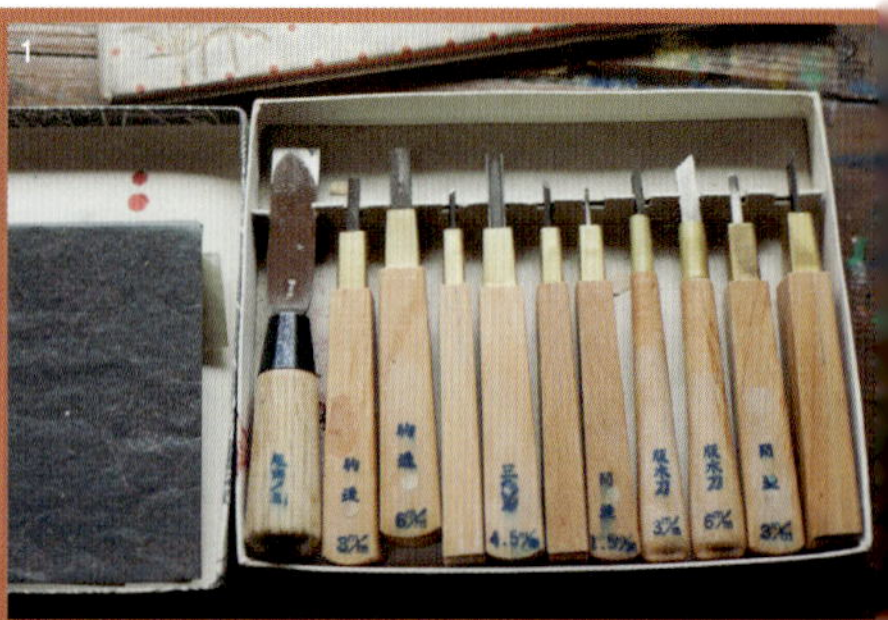
1

2

3

4

5

6

きくちちきさん プロフィール

1975年北海道生まれ。大学卒業後デザイナーを目指して上京。印刷会社でデザイナーを務めた後、33歳の時に100年前の絵本を見て絵本作家を志す。ダイナミックで躍動感あふれる描画スタイルで人気を博し、2012年に発表したデビュー作『しろねこくろねこ』でブラティスラヴァ世界絵本原画展で金のりんご賞を受賞。個展では手製本した私家版の絵本も発表している。神奈川県在住。一児の父。

『しろねこ くろねこ』(学研)
「ブラティスラヴァ世界絵本原画展2013」で
「金のりんご賞」を受賞。

す」。

物腰の柔らかい穏やかな人柄でありながら、ダイナミックで躍動感あふれる描画スタイル。きくちさんの魅力は多面的だ。「どうなんでしょう、自分ではあまり自覚がないです。でも、息子が生まれたことで価値観は大きく変わりました。息子は今1歳7カ月（※取材当時）ですが、あまりにも輝いていて、しかもすべてがピュアなので、父として何をすべきか、何を残すべきか考えてしまいます。幸い『ちきばんにゃー』を読み聞かせるとすごく喜んでくれますが、息子の存在がこれからの作品に影響を与えるのは間違いないと思います」。

そんなきくちさんは、2012年に発表した『しろねこくろねこ』が世界で最も歴史のある絵本原画コンクール「ブラティスラヴァ世界絵本原画展」で「金のりんご賞」を受賞して以来、創作活動は精力的に続いている。「息子に対する思いを大切にしながら創作活動を続けていきたいですね。そして今の子どもたちはもちろん、100年後に知らない誰かがぼくの絵本を手に取って、何かを感じてくれたらとても嬉しいと思います。だから、ぼくの絵本は100年後の子どもたちに送る手紙でもあるんです」。

1_「奮発して買いました」と語る愛用の彫刻刀　2_絵の具が飛び散った天板と絵の具を溶く小皿　3_絵本作家になるきっかけとなった100年前のフランス製絵本　4_窓枠の上に飾っている小さな石像。カンボジアのアンコールワットで購入　5_足腰でリズムをとりながら全身を使って絵筆を動かすきくちさん　6_絵筆は頻繁に買い換える。画材は一般的な画材店で手に入る物が多い　7_ラフ画をまとめた束(上部)と言葉を書き留めた紙　8_お気に入りの絵本には海外作品も多い。資料や参考にすることはないという　9_横110cm、縦40cmの原画。絵本の判型に合わせて特殊なサイズを使用

きくちちきさんの『絵本に目覚めた1冊』

『なかないでくま』

作・絵:フランク・アッシュ
訳:岸田衿子(佑学社)

「フランク・アッシュの絵本を初めて見たのがこの絵本でとても衝撃を受けました。物語もキャラクターもとても可愛いくて大好きなのですが、背景に細かい謎の模様が描かれています。よく見ると気持ち悪い生き物みたいなものなどが隠されているんです。ギャップにびっくりして、なぜ?と困惑するんですが、そのとき絵本に広がる可能性をとても感じました」

8

7

9

さいとうしのぶさん

絵本作家

**代表作『あっちゃんあがつく』をはじめとする、
おいしそうで楽しい食べもの絵本が、子どもたちに
熱烈に支持され続けている、さいとうしのぶさん。
大阪府堺市の静かな住宅街にある平屋の一軒屋が
さいとうさんの仕事場。**

（momo vol.15 に収録された記事より）

試行錯誤しながら絵とことばが響き合う絵本に

赤い扉の脇にかけられた「SINOBUSAITO」のネームボード。仕事場はさいとうさんの自宅から歩いてすぐのところにある。

「去年の9月くらいに引越して来て、まだとりあえず物を収めたという感じなんです。ここは倉庫と仕事場に分けて使っていますが、窓が南向きなので冬は暖かくて。道から少し奥まっているので静かで、鳥の声が聴こえてくるんですよ」。

朝9時にここに着いたら、仕事関係や講演会の依頼などのメールに対応し、

午前中はあっという間に過ぎる。仕事に一番集中できるのは夕方近くになってから。

「いまは同時進行で絵本5冊に取りかかっています。ずっとラフ（絵本の下描き）の段階が長かったんですけれど、これから本描きをすすめていくところです。絵本は1冊の流れができるまでが長いですね。『ああでもない』『こうでもない』と試行錯誤しながら…」。

そう言って見せてくれたのは、高木あきこさんとの共作絵本「かぞえうた」シリーズ最新作のためのラフ。絵本の形でラフを描きながら、ページに文章をどう割り振るかや、文字と絵の入り方などを綿密につくりあげていく。

「構成ができてからも、本画を描くのに時間がかかりますね。『おみせやさんでくださいな！』は、本当に描いても描いても終わらない。結局、構想から含めて完成まで10年くらいかかったんです」。

『おみせやさんでくださいな！』は、動物たちの町にある「ふれあい商店街」が舞台。パン屋さんやおとうふ屋さん、文房具屋さんなど37のお店とそこで売っている品物を緻密に描いた。これまでの作品の集大成とも言える、144ページにわたる絵本。

「この本ができて、ひとつ山を乗り越えたからか、いまは『これくらいのページ数はラク』みたいに思えるんです（笑）」。

さいとうさんが現在、取りかかっている仕事のひとつが地元の幼稚園、保育園、小学校、中学校合同で取り組んでいる「眠育（睡眠教育）」の絵本。子どもたちの成長にとって睡眠の質や量、時間帯が重要であることを絵本を通して伝える予定だ。いま、朝起きられないなどの睡眠障害に悩まされている子どもたちも少なくない。

欧米に比べ、睡眠障害のケアの体制や医療などがまだまだ遅れている日本。周囲の理解やケアを促せれば、という思いもある。絵本は、きっとそうしたことを伝える力をもつメディアでもある。

子どもの頃から絵本作家になりたかった

幼い頃から絵を描くのが好きで、小学生の頃から自分で絵本もつくっていたさいとうさん。寝具、インテリアなどのテキスタイルデザイナーを経て、本格的に絵本に取り組んだのは30歳のとき。

「体調を崩したり、いろいろなことが重なって、自分を見直そうと思ったときに、子どもの頃の絵本作家になりたいという夢を思い出して。絵本教室に通ったんです」

そのとき制作した絵本が、デビュー作となった『よーいよーいよい』（ひさかたチャイルド）として出版される。

そして、当時アルバイトをしていた学童で子どもたちとの遊びを通して生まれた『あっちゃんあがつく』（原案・峯陽／リーブル）を経て、人気絵本作家に。

「さあ、これからだぞというときに子どもができたんです。25歳で結婚してから10年間、子どもがいなかったんですが。息子が生まれてからは、仕事と育児の両立で大忙しでした」。

子どもたちの反応が絵本の方向性を示してくれる

さいとうさんの絵本創作の原動力になってきたのは、月1回のペースで20年近く主宰してきた、手づくり絵本のサークルでの実践。

「テーマや画材を変えて、一度に50組100人くらいの親子が集まって。床で絵を描きながらやっていました。これまでの内容はレジュメにまとめてあって、全部で35くらいになります。絵本づくりのワークショップもあちこちに行きました」。

机の上で考えても絵本はつくれない。絵本を目の前の子どもたちに見せることで、自ずとあるべき形が見えてくる。

「絵本ライブを子どもたちの前でやるじゃないですか。すると如実に反応が返ってきます。いいときはいいけれど、『あ、ここウケない！？』みたいなことや、逆に「こんなところがウケるんだ！」とか、『あれ、ここ意味わかってる？』

4

3

1

5

2

さいとうしのぶさん プロフィール

大阪府堺市生まれ。嵯峨美術短期大学洋画科卒業。テキスタイルなどのデザイナーを経て、インターナショナルアカデミー絵本教室で学ぶ。おもな絵本に『しりとりしましょ!』『ひみつのてがみじゃ!』(高木あきこ・うた)(以上リーブル)、『おにのにいさん』(ひさかたチャイルド)、『たこやきようちえん』(ポプラ社)、『ゆげゆげ〜!』(教育画劇)『おいしい おと なぁに?』(あかね書房)、『子どもと楽しむ行事とあそびのえほん』(のら書店)など多数。ワークショップを通して、手づくり絵本を広める活動も行なっている。

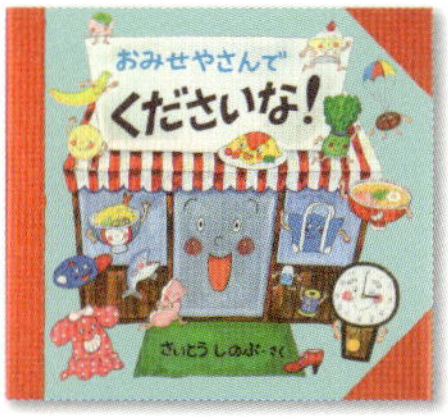

(左)『おみせやさんでくださいな』(リーブル)は、食べもの屋さんや花屋さん、おもちゃ屋さんなど37店と商品が細やかに描かれ「買いものごっこ」のような楽しさ。(右)有名な昔話をさいとうしのぶさんが描いた「おむすびころりん」(あすなろ書房)が2019年2月に発売。ネズミ達が生き生き描かれている。

という発見があります。そうした経験の蓄積があるので、絵本をつくるときにも『これはいけるかな』というのがある程度わかるようになりましたね」。

ときには、アイデアが熟成してから、絵本になる場合も。

「姪っ子と一緒に遊んだときのことを絵本にしました。まだ3歳だった姪っ子と地面に道をつくって、その道をたどっていって『はるちゃん、ここはパン屋さん』とか『ここは下に魚がいるから気をつけて』と遊んで。『ここはトイレね』って言ったら、本当にしようとして（笑）。子どもはその世界に入ってしまうんですね。それがおもしろかった。すぐにラフをつくって、編集者に見てもらったんですけれど。それからなかなか絵本にならなくて。でも、誰かがいいと言ってくれたんでしょうね。いまになって、絵本にしようとしていて『ああでもない』『こうでもない』とやっています。姪っ子はもう、20歳になったんですよ。絵本づくりは目の前の仕事、一つひとつをこなしていくというだけですね。休みたいなあって思いながら（笑）。自分でもこの先どうなるのかな、という感じです。ただ、ずっと続けていた〝手づくり絵本〟については本にまとめたいなあと思っています」。

1_2つの机を並べて。奥はパソコン作業用、手前は絵本制作用　2_絵の具は不透明水彩を愛用　3_瓶の中身は以前、月刊絵本絵を描いたときの絵の具。書籍化の際ページを描き足すため、保管している　6_「かぞえうた」シリーズ最新作は忍者が登場。ラフを4冊描くなか、新たに加えられたシーンも。こうした地道な作業があってこそ、完成度の高い絵本が生まれる　7_本棚には息子さんと読んだ絵本からお気に入りの絵本が並ぶ　8_講演会などで披露する『しりとりしましょ!』の巻絵絵本　9_絵本サークルで作成した大型絵本　10_ファンの方がつくってくれた『おみせやさんでくださいな!』のモビール　11_『あっちゃんあがつく』のシャドーボックスも別のファンの方がつくってくれたもの

8

6

7

9

さいとうしのぶさんの『絵本に目覚めた1冊』

『ロバのシルベスターとまほうの小石』

作:ウィリアム・スタイグ
訳:せたていじ(評論社)

「子どもがいなかった頃、力の抜けた絵が素晴らしいと思いました。子どもができて、物語を一緒に楽しみました。子どもが思春期になって、この絵本の本当の素晴らしさを実感しました」。

舘野 鴻さん

絵本作家・画家

動物の死体に卵を産むヨツボシモンシデムシの子育てを描いた『しでむし』で絵本界に鮮烈なデビューを飾った舘野鴻さん。その後『ぎふちょう』『つちはんみょう』と私たちの身近に生きる虫と自然を精密に描きだしてきた。舘野さんの絵本を生み出す仕事場と、地道な生態調査を行うフィールドを訪ねた。

（momo vol.17 に収録された記事より）

一か八かで取り組んだ絵本『しでむし』

秦野市を流れる四十八瀬川。仕事場から歩いてすぐ、川沿いの田園地帯は舘野さんが生態調査を行うフィールドのひとつだ。あぜ道や神社の敷地は、2作目の絵本『つちはんみょう』の取材場所だったところ。この日は久しぶりに足を運んだ。

「ビロードツリアブだ！」。その目は小さな虫たちの動きを見逃さない。「あ、マグソコガネ」。今度は、地面に顔がつくようにして、ミクロの世界に入り込んでいく。

「取材をするときは、1日中こんなふう

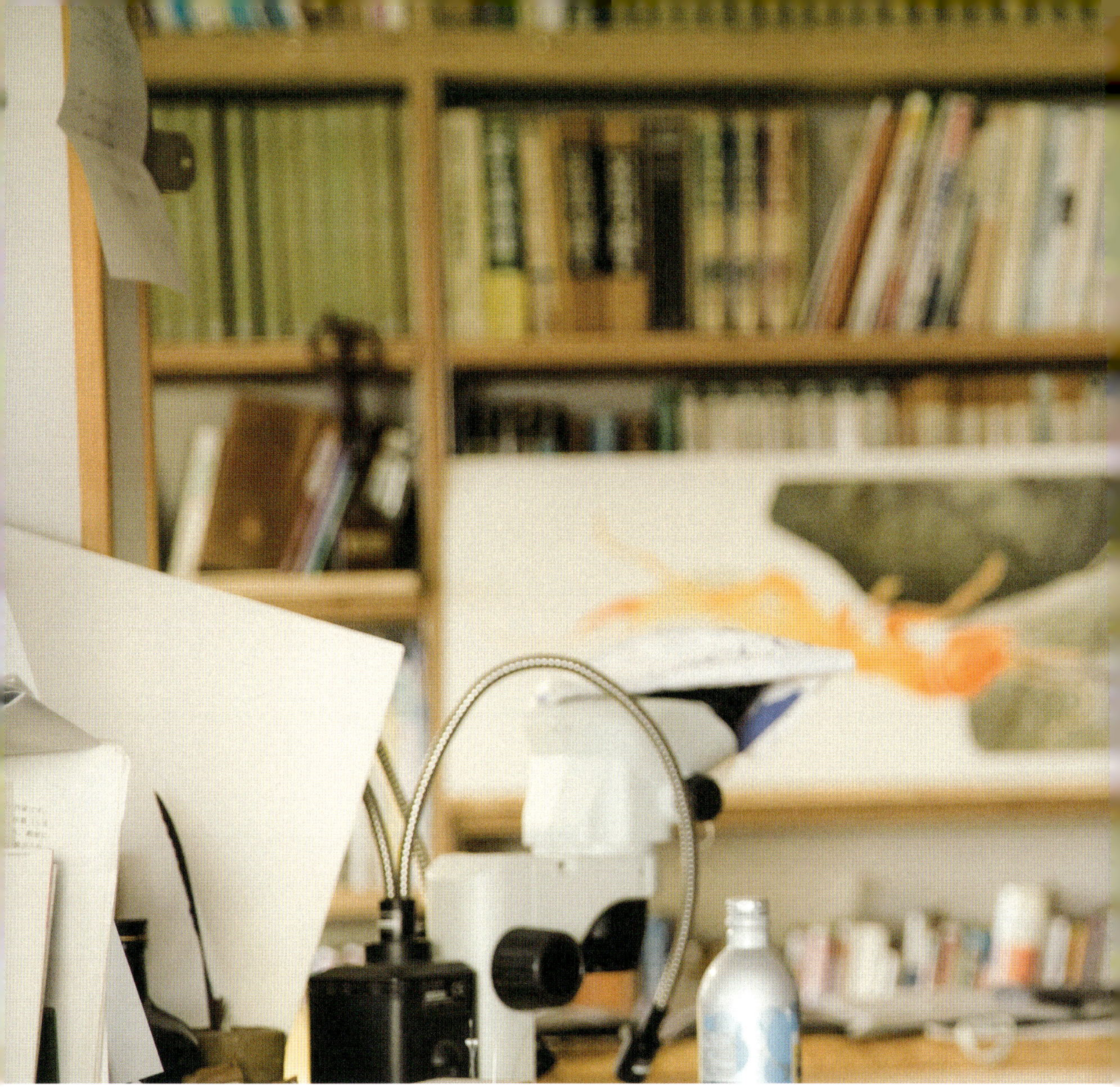

にしてますね。いまはセンチコガネという糞を食べる昆虫の絵本をつくるためにいろいろ調べています。生態がほとんど分かっていない虫なので、3年前から取りかかっていますが、まだ分からないことだらけです」。

描く対象となる昆虫たちはもちろん、周辺の環境や地域性などのつながりを含めた調査は数年におよぶ。でも実際に絵本に描くのはそのほんの一部。

舘野さんが虫たちの世界を描くようになったのは20代の頃。図鑑などに昆虫や生物を描いてきた。ところが30代後半にさしかかった頃、図鑑は徐々に写真が主流となり、絵の仕事は激減していった。そんなとき、周囲のすすめもあって絵本に取り組むことにした。

「一か八かで、とりつかれたように描きましたね」。

3年の歳月をかけて描きあげた『しでむし』は、その生と死をほかの生きものたちの命のつながりを含めて、繊細にかつ異様なまでの迫力で描いた作品だ。そのあとがきに舘野さんはこう綴っている〝我が師、熊田千佳慕に捧げる〟。熊田千佳慕は〝プチ・ファーブル〟と称され、同じく昆虫を描いた細密画家だ。

「最初は母が熊田さんのところで絵を習っていて、僕も小学生になる前からずっと通っていました。大人になってからも年に数回訪ねていましたね。僕はあるとき生意気にも『もう絵をおしえないで、描いてきたものだけを見てください」と言ったんです。自分でやらないとものにはならない、と思ったからなんですが。すると熊田千佳慕は『いいよ、いいよ』ってにこにこ笑っていました」。

生物画の世界では知らない人はいない、師・熊田千佳慕。その弟子を名乗ることは、同じ生きものの絵を描く仕事を選んだ当時の舘野さんにとって、プラスばかりではなかった。

「出版社に売り込みにいくと、熊田千佳慕の方がずっと上手いし、君は観察不足。もっと勉強してきなさい、とよく言われました。『しでむし』を全身全霊で描いた時は、仕事が全くなくて、廃業も覚悟していたので、〝我が師、熊田千佳慕に捧げる〟と書かせてもらったのです」。

熊田千佳慕は、絵本ができたその年に亡くなった。

描いているのは〝科学絵本〟じゃない

続く『ぎふちょう』『つちはんみょう』も、絵本を開いたときの衝撃は弱まることがない。舘野さんの作品は、昆虫絵本や科学絵本とよばれるジャンルにおいて異彩を放つ。

「自分では科学を描いているつもりはないんです。もちろん、生態調査もしますし、研究者の方たちが行ってきた研究の成果を踏まえていますが…」。

絵本『つちはんみょう』では、全長1ミリの幼虫が、どのようにヒメハナバチの巣にたどり着くのか、という研究者をはじめ誰一人知りえない領域について、仮説を描いている。舘野さんはこう言葉を続けた。

「科学の情報はどんどん更新され、時間とともに消えていくものもあります。では、絵本を描くときに、それ以外に残るものは何なのか？　それは誰が読んでも『これは大事だな』と共感できるような、いわゆる普遍的なものなのだと思います。僕の絵本について言えば、〝虫も人間も同じように生きている〟ということです」。自分は画家でも、研究者でもなく、かといって絵本の世界とも距離を置いている、と舘野さん。それでも絵本をつくることは、自身にとって欠くことができない、と言う。

「僕はソクラテスが好きなのですが、紀元前に生きたソクラテスの言葉が、今でも本で読めます。それが本の根本的なあり方、だと思うんです。だから、僕もそうした本をつくるために力いっぱいやらないと。そして、いつもこの人に見せたい、と誰かを思って絵本をつくっています。僕にとって絵本は対話の窓口でもあるのです」。

虫は何も語らない

生きるために〝食べる〟、そして別の命に〝食べられる〟。ただひたすらに生

1

2

3

4

5

6

舘野 鴻さん
プロフィール

1968年神奈川県生まれ。幼少期より画家・熊田千佳慕に師事。演劇、現代美術、音楽活動を経て、環境アセスメントの生物調査員として野生生物に触れる。そのかたわらに、景観図や図鑑の生物画、解剖図などを手がけるようになる。2005年より絵本制作をはじめる。生物画の仕事に『生き物のくらし』(学習研究社)、『世界の美しき鳥の羽根』(誠文堂新光社)、おもな絵本に『しでむし』『ぎふちょう』『つちはんみょう』(すべて偕成社)、『宮沢賢治の鳥』(岩崎書店)などがある。

(左)『しでむし』(偕成社)。アカネズミの死体に産みつけられたシデムシの卵。シデムシの生と死を通して私たちが感じるものは・・・・。
(右)美しいハンミョウとは異なり、地味で目立たないヒメツチハンミョウ。4000千個の卵から孵ったわずか4日間を生き抜く姿は力強く美しい。

命をつないでいく。そんな舘野さんの描く生きものたちに、私たちは心動かされる。

「僕は自分自身のことを作品で言いたくないんです。でも、どこかでメッセージを伝えなくてはいけないときに、虫は何も言わないからこそ、語ってくれる」。

　いまも、何冊かの昆虫を描く絵本に取り組んでいる。最近、自身の絵本づくりに変化があったと言う。

「制作中のガロアムシの絵本は、先に文章を書いて、文字だけをデザインしたダミー絵本をつくり、そこに絵を描くことにしました。絵が思い浮かぶような文章を書きたいと思ったのです。

　これまで自分で絵とことばを手がけたときは、どちらかといえば絵のほうに力を入れてきました。でも、昨年、宮沢賢治の絵本を描いたり、最近、詩人の鮎川信夫が親戚だと知ったりしたことがきっかけで、ここ数年は言葉をより大切にするようになりました」。

　今後は、専門書を装った〝ニセの昆虫図鑑〟をつくりたいのだと言う。

「未発見の昆虫を想像して描き、生息地や発見状況などの解説を書きます。コンセプトは〝センス・オブ・ワンダー〟。どこまでいってもわからない自然のおもしろさを、子どもたちに伝えたいのです」。

　科学と芸術の間で、物語られる舘野さんの新たな世界。これからも、見続けていきたい。

1・2_ビロードツリアブを見つけ、すばやく虫あみで捕まえた。「ふわふわしたぬいぐるみみたいで、かわいいでしょ(笑)」(舘野さん)　3_『つちはんみょう』で、幼虫たちが這い出したあぜ道がここ　4_ひたすら足で歩き、身体を通して生態調査を行う　5_コハナバチが顔を出すのをひたすら待つ。取材時には同じ姿勢のまま数時間たつこともままだ　6_「ちいさいものに目が慣れると、ツチハンミョウが出てきたときに巨大に感じます」と話す舘野さん　7_透明水彩で描く。筆は熊田千佳慕にもらったものと同じものを使い続けている。「千佳慕の使っていた筆よりも太いことがあとからわかりました」(舘野さん)　8_仕事場で飼育実験をすることもある

7

8

舘野 鴻さんの『絵本に目覚めた1冊』

『日本アルプスの蝶』

作:田淵行男
(学研)

「絵本ではないですが、20代の頃に出会った本で、写真の威力はもとより、生態学、デザインすべてにおいて高度なもので、こんな作品を作りたいと憧れを持って仕事をしています」。

シゲタサヤカさん

絵本作家

まな板が料理を食べてどんどん太ったり、
おにぎり好きのオニたちが、人間たちに
「おいしいおにぎりを食べさせたい」と奮闘したり……。
シゲタサヤカさんの作品は、私たちを「あっ」と言わせる意外性と、
子どもも大人も思わず笑顔してしまう独特のユーモアがある。
その奇想天外な発想は、どこから生まれるのか？

（momo vol.18 に収録された記事より）

コンペにひたすら応募して目指した、絵本作家デビュー

家族の気配のするリビングの一角に、シゲタサヤカさんの仕事場はある。ひときわ目立つ大きな作業机は、6年前に結婚したとき各出版社の担当編集者たちが結婚祝いとしてプレゼントしてくれたもの。この日も仕事机の上で、雑誌の付録絵本の絵を描いていた。

シゲタさんは短大を卒業後、印刷会社に就職。文字を組むDTPオペレーターの仕事をする中で、ときどきイラストを描くこともあったという。

「その印刷会社では、学校の文集もつくっていて、生徒さんの作文の隣に

Macのソフトを使って、絵を描いたりしていたんです。それがとても楽しくて」。

でも、深夜残業が続くほどの多忙さのために3年で会社を退職。1年ほど仕事もせず気ままに過ごしていたときに、たまたま雑誌に載っていたイラストスクールの広告に目が止まる。そのスクールには、絵本コースもあった。その

「講師に、私が子どもの頃に大好きだった絵本作家の和歌山静子さんやスズキコージさん、飯野和好さんの名前を見つけてワクワクしました」。

憧れの絵本作家に会ってみたい、と通いはじめた絵本コースから、シゲタさんの夢ははじまった。

「最初の授業は編集者の松田素子さんだったのですが、そのお話を聞いて絵本をつくるってすごく魅力的だと思いました。ほかの授業もどれも興味深いものばかりでしたね」。

いつしか本気で絵本作家を目指すようになったシゲタさんは、プロの絵本作家や編集者のアドバイスに、真剣に耳を傾けた。

「絵本作家になるには、展覧会を開いたり、出版社に作品を持ち込んだり、いろいろな方法があることをおしえてもらいました。ただ、私はいきなり電話をかけたりするのが怖かったので、コンペに応募しようと考えました。スクールを卒業してからも、小さいものから大きいものまで、さまざまなコンペに

出し続けました。でも、最初は何も引っかからなかったですね」。

料理人と料理を描きたい！

そんな状況が5年ほど続いた頃、大手出版社が主催する絵本コンペで佳作を受賞したことが転機となった。

「新人賞をとると、その出版社から絵本を出してもらえるんです。私はその後も2回佳作には入ったのですが、3回目のときに『デビューしましょう』と言ってもらって。そのとき29歳でした。20代のうちに絵本を出したいと思っていたのですが、結局30歳でデビューとなりました」。

デビュー作は、3回目の受賞作品『まないたにりょうりをあげないこと』。でも、絵本づくりはすんなりとはいかなかったという。

「私は料理の絵を描くのが好きなのでたくさん描いていたら、編集者の方に『こんなに料理の絵はいらないんです。それよりもっとお話しに力を入れて』と言われました。その頃は、ただ自分が描きたい絵だけ描こうとしていたんですね」。

そう言って、シゲタさんが見せてくれたのは、イギリスのアイドルシェフが載った雑誌の切り抜きがきれいに貼られたスクラップブック。

「深夜にこのシェフがおしゃべりをしながら料理をつくるテレビ番組をやっていました。独創的な料理が、化学実験のようにつくられていくようすを見るのは、とてもおもしろいんです。いつか絶対にコックさんを絵本に描きたいと思いました。あるとき原点をたどっていったら、寺村輝夫さんが文章で、和歌山静子さんが絵を手がけた『王さまレストラン』という児童書だと思い当たりました。コックさんがおいしい料理をつくる場面がたくさんあったりして。この本でコックさんが好きになったんです」。

デビュー作以後もレストランシリーズの続編『りょうりをしてはいけないなべ』『コックの ぼうしは しっている』でコックさんを描いている。

「この絵本のレストランには、10人のコックさんがいるので、全部で10冊描きたいんです」という。

4コマまんがで知った話の大切さ

誰も思いつかないような話の展開で、みんなを楽しませているシゲタさん。そんな話を考えつくようになったきっかけは、コンペにチャレンジしていた時期にあった。

「その頃、4コマまんがを描く仕事をすることになりました。WEBで読める絵本をつくっている人と出会って、その頃つくったお誕生日の絵本を見せたら、『おもしろくないね。話をつくる力がない』と言われて。話には起承転結があることが大事だからと、4コマま

1

2

3

4

5

シゲタサヤカさん プロフィール

1979年神奈川県生まれ、群馬県育ち。短大卒業後、印刷会社を経てパレットクラブスクールへ。2006年第28回講談社絵本新人賞佳作受賞以来、3年連続で同賞を受賞し、09年『まないたにりょうりをあげないこと』でデビュー。主な絵本に『カッパもやっぱりキュウリでしょ?』（講談社）『キャベツがたべたいのです』（教育画劇）『いくらなんでもいくらくん』（イースト・プレス）。『たべものやさん しりとりたいかい かいさいします』（白泉社）などがある。

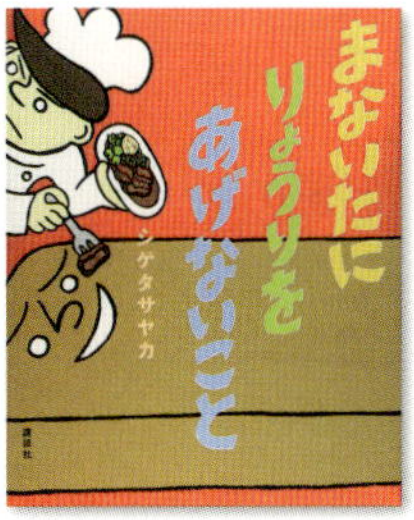

（左）「このレストランの料理が食べてみたい」という、まな板の願いをコックさんが叶えてあげる『まないたにりょうりをあげないこと』（講談社）。（右）おにぎり好きなオニたちのユーモラスな話、『オニじゃないよ おにぎりだよ』（えほんの杜）。

んがを描くことをすすめられたんです。でも、最初は『私が描きたいのは絵本なんです！』と言って、すごく嫌だった。それでも、とりあえず描いていたら、だんだん起承転結の大切さがわかってきて。そうしてつくった絵本が佳作に入りました」。

デビュー前後は、描きたい絵にこだわっていたシゲタさんは、4コマまんがを描いていた頃の初心に戻り、ストーリーの大切さに改めて目を向けるようになった。

「スクールに通っていた頃、講師の編集者の方が『いきなり絵を描いてしまうことは、家を建てるときに柱がぐらぐらしているのに、カーテンの柄選びを始めてしまうようなもの』と言っていたのを思い出して。今では、テキストができないと、絵本はなかなか進まないですね」。

今後、手がけたい仕事のひとつが、「赤ちゃん絵本」だ。この取材の数ヶ月後に、第2子となる男の子が生まれたと一報が入った。

「3年前に上の娘が生まれたとき、赤ちゃんは生後2、3ヶ月でもしっかり絵本を楽しむのだと知りました。娘にはどんなときにも笑うお気に入りの絵本があって、一時期手放せなかったことがあります。赤ちゃん絵本は、自分とは遠い世界のものだと思っていましたが、そうしたようすを知って、今では興味がわいてきました。いつかつくってみたいですね」。

1_アイデアスケッチや下描きはシャープペンシルで。シゲタさん独特の黒い線は、水性ペンで描いている　2_「コックさんと盛りつけられた料理が大好き」。イギリス人シェフ、ジェイミー・オリバーはスクラップブックをつくるほど、熱烈なファンだった　3_ペンで線を入れてから着彩する　4_本棚の上には、手描きのこけし　5_仕事は最近、朝型になった。「ふたり目の子どもが生まれると、また、仕事のペースも変わりそうですね」　6_本棚には自身が集めた絵本と、3歳になる娘さんの絵本が並ぶ　7_まるで本物のようなドイツ製のパンのおもちゃは、娘さんが生まれてからこつこつと集めてきたもの。「娘に、というのは口実で、完全に私の趣味です（笑）」　8_岡本太郎美術館で出会ったお気に入りの置物。「この目と鼻の感じが私の絵と似ている気がして」

6

8

7

シゲタサヤカさんの『絵本に目覚めた1冊』

『王さまレストラン』

作:寺村輝夫
絵:和歌山静子（理論社）

「子どもの頃から大好きな本です。王さまの絵を描いている和歌山静子さんにお会いしたくて、絵本のスクールに通うことを決めました。私にとって原点の1冊です」。

ちひろが愛した北アルプスの麓へ
親子でアートに触れる癒しの時間を

絵本の
美術館を巡る

安曇野
ちひろ美術館

CHIHIRO ART MUSEUM
AZUMINO

北アルプスの雄大な自然に抱かれた松川村は、絵本画家・いわさきちひろの両親が戦後に開拓農民として入植した地で、ちひろにとって心の故郷というべき馴染みの場所。そんな松川村にある安曇野ちひろ美術館は、幼い頃から信州を愛したちひろの作品を収蔵・展示し、ちひろの人生や絵画を様々な切り口で紹介している。独特のタッチで描かれる色彩豊かな水彩画は、母親として子育てを経験したちひろならではの創造力あふれる作品ばかり。透明感あふれる作品からは、信州の清々しい空気感が伝わってくる。

晴れた日には、北アルプスを

1_昼寝用の椅子が用意されているのも嬉しい　2_『窓ぎわのトットちゃん』に出てくる「電車の教室」の一部を再現した「子どもの展示室（トットちゃんの部屋）」　3_壁には子供の好奇心をくすぐるのぞき穴も　4_穴の中には小さなちひろの作品が並ぶ　5_「海のものと山のもののお弁当をつくろう」ワークショップは土日、月曜の12:00～12:30に開催。対象は小学生以下で先着5名、参加は無料

Photo:和田真典

長野電鉄で実際に使用されていた1927年製のモハと1926年製のデハニという貴重な車両。
車両デハニの内部は、トットちゃんたちが授業を受けていた1940年頃の「電車の教室」を再現

眺めながら広大な公園を散策しよう。黒柳徹子館長が自身の小学生時代を綴った『窓ぎわのトットちゃん』にちなんだ「トットちゃん広場」も隣接。作品に登場するエピソードをたどることができ、まるでトットちゃんの世界に入り込んだかのよう。敷地内にはちひろが過ごした黒姫山荘も復元されており、清々しい空気の中、安曇野の自然をめいっぱい体感しながら芸術に触れられる。

車両モハは「電車の図書室」になっており、約500冊の本が並び、自由に閲覧できる

6

Photo:和田真典

7

6_9500点に及ぶちひろの作品を収蔵、世界各国の絵本原画を収集・保存している。親子でゆっくりと原画を鑑賞し、一緒に作品について語り合ってみては　7_国内外の絵本3000冊以上を取り揃えた「絵本の部屋」で、お気に入りの一冊を探そう　8_年に4回、テーマを替えて展示会を開催。ちひろと世界の絵本画家の作品を紹介している。

幅広い世代に愛される
いわさきちひろ
その世界観を思う存分体感しよう

どこかぬくもりが感じられるちひろの作品。でも、戦争を経験したちひろだからこそ、平和を祈る絵画も多く、平和の尊さにも改めて気付かされる。

さて、5つの展示室を巡ったら、ミュージアムショップと絵本カフェも覗いてみては。眺望の良いカフェでは、地元産の食材をふんだんに使った軽食やデザートを提供。北アルプスを望む景色も最高のごちそうだ。

東京で育っても自らを「信州人」と語ったというちひろ。安曇野ちひろ美術館を訪れると、ちひろがなぜ信州へ強い愛着を抱いたかがよくわかるだろう。子どもから大人まで、一日たっぷり時間をとって、ちひろの生涯に思いを馳せながらのんびりと過ごしたい。

with CHILD

オリエンテーリングで トットちゃん広場を散策

安曇野ちひろ公園のトットちゃん広場を歩くと、至るところにこんな看板が！トットちゃん広場オリエンテーリングマップが用意されているので、マップを片手に広場を歩いてみよう。クイズに答えていくと、トットちゃんの世界を知ることができる。広大な安曇野ちひろ公園をのんびり散歩しながら、トットちゃんの世界を楽しもう！

8

安曇野ちひろ美術館

長野県北安曇郡松川村西原3358-24
☎0261-62-0772
🕘9:00～17:00（GWとお盆期間は18:00まで）
休第4水曜、冬期、展示替えのための臨時休館あり（HPで確認）、GW期間中と8月は無休
¥大人800円・高校生以下は無料
【アクセス】長野自動車道・安曇野ICから約30分、JR大糸線・信濃松川駅からタクシーで5分
http://www.chihiro.jp/azumino/

10

9

9_ミュージアムショップでは絵本を販売。どれもこれもほしいものばかり！ 10_館内の絵本カフェ。公園向きなので解放感がある 11_絵本カフェには子どもサイズのテーブルと椅子、絵本も用意されている 12_絵本カフェ人気のメニューが「いちごのババロア」（562円）。ちひろが大好きだったといういちごのババロアを当時のレシピそのままに再現。有機ブレンドコーヒーと一緒にどうぞ（セットは994円） 13_小さな子どもたちが靴を脱いで遊べる「子どもの部屋」や授乳室も完備。赤ちゃん連れでも安心して来館できる

13

12

11

Photo:和田真典

絵本で見たことのある“絵”に子どもも興味津々

絵本の
美術館を巡る

いわむらかずお 絵本の丘美術館

IWAMURA KAZUO
EHONNOOKA MUSEUM

「絵本の世界とその舞台である 里山の自然を同時に楽しんで欲しい」

1_自然の様子が細部まで描写された美しい原画。野ねずみたちのかわいらしい姿に心が弾む　2_14ひきのシリーズの中でも夏に読みたい『14ひきのとんぼいけ』の表紙

『14ひきのとんぼいけ』のモデルになった、丘の谷間にある小さなため池。カエルやイモリ、水生昆虫たちが暮らし、夏になるとたくさんの種類のとんぼが飛び交う

「静かにしなくてもいいんだよ。うるさい！なんていう人はここにはいないから」と、子どもたちのはしゃぐ姿を微笑みながら見つめるのは、絵本作家のいわむらかずおさん。

通常、美術館では静かにするのがルール、でもここは少し違う。

野ねずみ一家の暮らしを描いた『14ひきのシリーズ』で知られるいわむらかずおさんが「絵本・自然・子ども」をテーマに作った美術館では、子どもたちの笑い声や親子の楽しそうな会話が飛び交う。

地元の木材を使った木のぬくもりを感じる館内は、絵本の原画や制作過程のスケッチが鑑賞できる3つの展示室のほか、ピアノが置かれた小さなホールに自由に絵本が閲覧できる読書スペース、里山の景色が一望できるティールームなど、子どもも大人も伸びやかに過ごせる心地いい空間が広がる。

いわむらさんの絵は、ファンタジーでありながらも植物や生きものたちのいきいきとした様子が細かく描写されているのが印象に残る。

「絵をリアルに描くことでイメージの世界と実体験が重なりやすいようにしています。一枚の絵の中にいろいろ描き込んでいるので、そこに出てくる生きものたちを見逃さずに読み取っていくのもこの絵の楽しみのひとつかな。よく見ないと気づかないけれど、自然の中にはいろいろな生きものがたくさんいます。絵本の中でも野原に出て行ったときと同じような感覚で発見してもらって、そしてまた外へ出て確かめて、というのを楽しんでもらえるといいですね」と、いわむらさん。

3_「えほんの丘」の雑木林。14ひきの野ねずみ家族の暮らしを描いた『14ひきのシリーズ』はこの雑木林が舞台　4_「こんなに長いたんぽぽがあったよ」と子どもと触れ合う時間を大切にしているいわむらさん　5_ティールームにあるデッキからは、那須や日光の山並みが見渡せる　6_ムササビがねぐらに使う杉の木の巣箱。山桜の巣箱は春から夏にかけてリスが子育てをする　7_デッキから外に出るとかわいらしい野花がたくさん

8_ゆったりと過ごせる展示室。展示物は車椅子やベビーカー、小さな子どもから見やすい高さに配置している　9_『かんがえるカエルくん』の解説と一緒に絵本が並ぶ　10_『14ひきのさむいふゆ』でみんなが遊んでいた、“とんがりぼうしゲーム”を実際に体験できる　11_1976年発行の『タンタンのずぼん』の原画

子どもたちの笑い声が響きわたり　のびのびできるアットホームな空間

絵本の世界だけではなく、自然の実体験も併せ持って欲しいという思いから、１９９８年に自然豊かな那珂川町に美術館を開館。自然の中でさまざまな発見ができるようにと、美術館は雑木林や草原、畑や田んぼ、農場などがある里の自然に恵まれた丘の上に建てられた。「えほんの丘」と名づけたその里山では、とんぼいけ観察会、リスの道づくり、巣箱づくりなどシーズン毎に親子で参加できるイベントが催されたり、畑や田んぼで種まきや収穫などの農作業が体験できたりと、いわむらさんが子どもたちに知ってもらいたいと願った「生きものの命と食、農のつながり」を感じ取ることができる場になっている。

「自然をよく見ているとさまざまな生きものたちの命の営みの場面に出会います。それはとても不思議なことで、生きるというのはこういうことなのかと。そこにはいろいろな発見があり、驚きや喜びが生まれます。そこから好奇心が湧いてきたり、想像の世界が広がったりする。今はネットで検索していろいろ知ることができるけれど、自然の中で生きものと出会って五感で感じ取って知るのとでは大きく違いますよね」。

自然には不思議なことが無限に

**月2回開かれている朗読会は
いわむらさんに会えるチャンス**

「いわむらかずお　朗読とおはなし会、サイン会」を月2回開催。いわむらさん本人による絵本の読み聞かせや里山で出会った生きものの話などが聞ける子どもたちに人気のイベント。予約不要。日程はホームページでお知らせ。

いわむらかずお
絵本の丘美術館

栃木県那須郡那珂川町小砂3097
☎0287-92-5514
⏰10:00～17:00（入館は16時30分まで）
休月曜（ただし祝祭日の場合は開館、翌火曜日休館）ほかに展示替え休館、年末休館があるので問い合わせを。　¥大人900円、中高生700円、小学生500円、幼児300円、団体での入館は予約が必要（20名様以上10%割引）
【アクセス】東北自動車道・矢板ICより車で約50分、西那須野IC、宇都宮ICより車で約60分。常磐自動車道・那珂ICより約60分。北関東自動車道・上三川ICより約70分。
HP ehonnooka.com

12_メニューにある手作りスコーンには絵本の丘農場で採れたはちみつが添えられている　13_館内にあるティールーム　14_ミツバチのために作った巣箱　15_ティールームの脇にあるショップでは、絵本や絵ハガキ、パズルなどのほか、14ひきの末っ子とっくんのトラックなどオリジナルグッズが揃う

潜んでいて、自然から学ぶことは人それぞれと話すいわむらさん。「私もまだまだ知らないことばかり。ついこの前も、リスはくるみが好きなんだけれど、くるみの花をかじっているのを見て、花も食べることを初めて知ったんです」とくるみの花をスケッチしながら楽しそうに語ってくれた。自然を五感で感じながら絵本の舞台となった場所を探すのもこの美術館の醍醐味と言える。

大小2つの展示室に原画を展示。3ケ月ごとにテーマを決めて展示替えをしている ©空想工房

『風景との出会い』より『ポルトの町並』 ©空想工房

絵本の美術館を巡る

安野光雅美術館

ANNO ART MUSEUM

自然に囲まれた里山に建つ漆喰の日本建築

日本の風景を描き、自然を描いて来た安野光雅のふるさとに建つ美術館。桜満開の陽春の光、ホタルが乱舞する夏、紅葉の秋、静かな冬の自然など、季節ごとに移ろい新しい姿を見せる。建物は一見すると酒蔵のような津和野漆喰の白壁となまこ塀、赤茶色の石見瓦。美術館ロビー壁面は安野氏デザインによる「魔方陣」のタイルで装飾されている。

絵が大好きな少年であった安野光雅は美術教員となり、教員のかたわら本の装丁などを手がけていた。昭和43年に文章がない絵本『ふしぎなえ』で絵本界にデビュー際は鮮烈な印象を与えた。やさしいタッチで淡い色彩の風景画ほか『ABCの本』や『旅の絵本』『もりのえほん』などは、海外でも評価が高く、ブルックリン美術館賞、ケイト・グリナウェイ賞特別賞、BIBゴールデンアップル賞、国際アンデルセン賞画家賞なども受賞。様々な国で出版され、多くのファンをもつ。

芸術と科学をこよなく愛す本人の強い希望でプラネタリウムが設置されていたり、昔の教室などを再現されていたりと、まさにこの美術館そのものが安野光雅の世界。ファンなら一度は訪れたい。

安野光雅美術館

島根県鹿足郡津和野町後田イ60-1
☎0856-72-4155
🕘9:00～17:00　休年末の12/29～31、毎週木曜（祝日を除く）　¥大人800円、中高生400円、小学生250円
【アクセス】JR山口線津和野駅からすぐ
HPhttp://www.town.tsuwano.lg.jp/anbi/anbi.html

絵本『もりのえほん』の原画。森の中に目を凝らすと何匹もの動物が見えてくる

『ふしぎなえ』
（福音館書店）

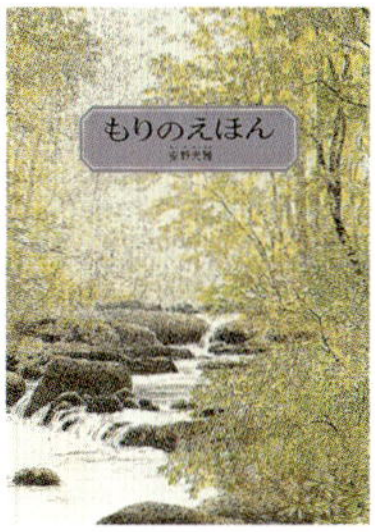

『もりのえほん』（福音館書店）

デビュー作となる文字のない絵本『ふしぎなえ』の原画

温かみのある建物

今の大人たちが、子ども時代に空想を育んだあたたかな空間がここにはある。昔の教室の隣には、安野作品を始め、世界の絵本・美術書などが自由に閲覧できる図書室も。

1_別館2階には自宅の現在のアトリエを再現。ここでもひと味違った「安野光雅の世界」を垣間見ることができる　2_50席を設け、壮大な宇宙空間や津和野の四季の夜空を映し出すプラネタリウムを設置　3_小さな机と椅子の並ぶ昭和初期の木造の教室を再現

絵本美術館
森のおうち

MORI NO OUCHI

1

2

宿泊や食事もできる
原画が素晴らしい絵本美術館

宿泊コテージと優雅な喫茶を供える絵本美術館「森のおうち」。その名の通り、緑深い林の中にぽつりと建ち、観光施設的な猥雑さは微塵もない。国内外の絵本原画を年間5〜6企画を変えて展示。アンデルセン「マッチ売りの少女」やグリム作品なども描くイギリスの女流作家バーナデット・ワッツの作品や、宮沢賢治画本「雨ニモマケズ」の小林敏也などの原画も所有する。取材時は絵本好きなら小躍りして喜びそうな、降矢ななと出久根育の原画展で原画の質の高さに驚かされる。図書室では自由に本が読め、また1階には美術館で原画を展示している絵本や柳田邦男セレクトコーナーなどがある「絵本ショップ 星めぐり」もあるのでセレクトされた絵本の購入にもピッタリ。またランチやティーセットなどもある喫茶は入館料なしで利用も可能。クラシックなその外観から子連れではちょっとと思いがちだが、実は結構、親子で楽しめるスポットだ。

6

7

8

9

絵本美術館
森のおうち

長野県安曇野市穂高有明2215-9
☎0263-83-5670
🕘9:30〜17:00（最終入館16:30）
※変更日などHPカレンダー参照
Ⓟあり
HP http://www.morinoouchi.com/
¥大人800円、小・中学生500円、3才以上250円

1_絵本屋さんには原画展示の本と、おすすめの絵本がたくさん　2_図書室も立派　3_展示室は1階と2階にもあり、企画展を行っている。目の肥えた大人が見るに耐えうる原画のみ展示　4・5_取材時には降矢ななの「黄いろのトマト」だけでなく、「ナミチカのきのこがり」（童心社）の原画も同時展示。期間限定なので本が出る頃には見れないが、このレベルの原画が見れるかと思うと絵本ファンなら立ち寄りたい　6_幼児連れにうれしい和室もある　7_宿泊できるコテージ。キッチン、バス、トイレ完備。朝食付きも可　8_館長であり語り手でもある酒井倫子さん。4冊の本の選書もお願いした　9_1階の喫茶では食事もできる。休憩の拠点にも　10_季節のスイーツも。写真は紅茶と自家製スコーンのセット

軽井沢 絵本の森美術館

KARUIZAWA PICTUREBOOK MUSEUM

軽井沢の清涼な空気に包まれたムーゼの森は、可憐な山野草や宿根草が美しく咲き誇るガーデンに、2つのミュージアムと図書館、ショップ、カフェが点在するアートスポット。ランドスケープデザイナーのポール・スミザーが手がけるピクチャレスク・ガーデンを散策しながら、のんびり展示館を巡ってみよう。小さな子どもでも気軽に原画や作品を鑑賞し、絵本の世界をたっぷり楽しめるので、親子で心豊かな時間を過ごせる。

長野県北佐久郡軽井沢町長倉182(塩沢・ムーゼの森)
☎0267-48-3340 9:30～17:00(12・1月は10:00～16:00)最終入館は閉館時間の30分前
休火曜・展示入替期間・冬季(1月中旬～2月末)、GW期間中と7～9月は無休
¥大人900円・中高生600円・小学生450円、エルツおもちゃ博物館・軽井沢との共通セット券は大人1,300円・中高生850円・小学生650円。小学生未満は無料
【アクセス】上信越自動車道・碓氷軽井沢ICから約15分、北陸新幹線・軽井沢駅からタクシーで約10分
HP http://museen.org/

1_1800冊もの絵本を自由に読むことができる「絵本図書館」 2_第2展示館では、さまざまなテーマで企画展を開催

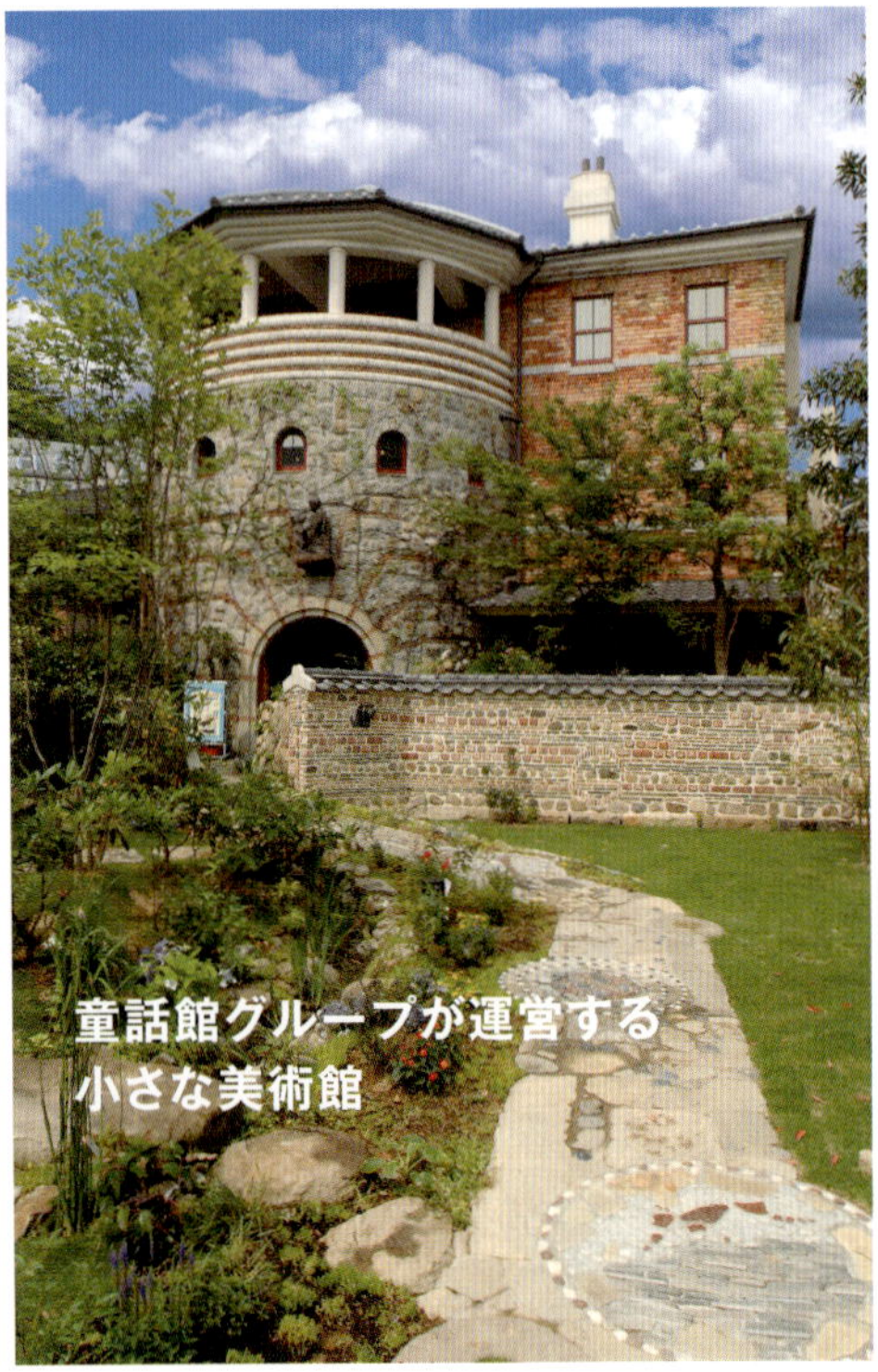

童話館グループが運営する
小さな美術館

祈りの丘 絵本美術館

INORINO-OKA PICTUREBOOK MUSEUM

長崎県長崎市南山手町2-10
☎095-828-0716
10:00～17:30 休月曜
¥大人300円、高校生以下200円、幼児無料(1階は入館無料)
【アクセス】路面電車で「大浦天主堂」下車 HP http://www.douwakan.co.jp/museum/

1_建物そのものも立派。散策するのも気持ちいい 2_大きな作品も。3階には絵本コーナーがあり、500冊が自由に読める 3_絵本の原画を間近で見ることができる

国宝・大浦天主堂やグラバー園がならぶ長崎市南山手の丘は、明治維新の頃、日本で唯一西欧と交流が行われたところ。そんな歴史深い丘に建つ。洋風に瓦ぶき屋根という、当時の日本独特の洋風建築で、2階、3階が美術館。国内外の絵本の原画による常設展や、企画展を開催する。ここでは絵画として耐えうる絵本の原画のみを展示。3階の一角に、自由に絵本が読める図書コーナーもある。長崎に行ったら立ち寄りたい。

広がる大海原のように
想像力はどこまでも

福島県いわき市平豊間字合磯209-42
一般公開は園児が利用しない日のみ。往復はがきに住所・氏名・連絡先を明記し、上記宛先まで。後日、日時が指定された招待状が届く。
P 50台
HP http://www.iwaki-k.ac.jp/publics/index/49/

絵本美術館「まどのそとのそのまたむこう」

MADONOSOTONO SONOMATAMUKOU

1_天井までの壁を絵本が覆い尽くす。なんて楽しい絵本選びだろう　2_地域の親子を招いて読み聞かせの会を開くことも

地下1階から天井まで約10mもの吹き抜けの壁一面、木製の書架に並ぶ絵本、絵本……美しい表紙がグラデーションをなし、モザイク壁画のよう。窓のむこうは、太平洋の青い水平線。安藤忠雄の建築らしく、階段をぐるぐると迷路のように館内をめぐる。ここは幼稚園の付属施設。字の読めない小さな子たちが直感的に本を選べるように、表紙を見せて展示している。「これ」という一冊を見つけた子どもたちはめいめい、お気に入りの場所へ本を持って行き、空想の世界に浸るのだ。ここへ来れば大人もきっと、子どものときの自由な想像力がよみがえるに違いない。

溢れんばかりの才能を見る
テーマは「生きとし生けるものの共生」

戸田幸四郎絵本美術館

TODA KOSHIRO PICTUREBOOK MUSEUM OF ART

「あいうえおえほん」など、日本の知育絵本の草分けで知られる戸田幸四郎。画家としても素晴らしい作品を残していたことが美術館へ行けばよく分かる。誰もが学校の教科書でも見た記憶のある太宰治の『走れメロス』や、宮沢賢治の『竜のはなし』など、名作絵本の原画などが常時展示されている。DVDコーナーでは、それらの絵本をベテランの声優さんが朗読し、映像化した作品も。伊豆の海を望む絶景のカフェでは名物カレーを味わいたい。

静岡県熱海市上多賀1055-30
自然郷 ☎0557-67-1107
営 10:00～16:30
休 火・水曜（祝日の場合は開館。7月末～8月末は無休
¥ 大人720円、小学生以下410円、3歳以下無料（2019年10月より価格変更あり）
【アクセス】JR熱海駅から車で約20分
HP http://www.todaart.jp/

1_展示室の一部。こじんまりとした美術館だが、画家の愛を感じる作品と出合える　2_ガーデンも建物もすべて戸田幸四郎のデザインによるもの　3_知育絵本でお馴染みのシンプルな絵のライン

家庭文庫・図書館を巡る

このあの文庫

［家庭文庫］

「自分の好きな絵本の翻訳が、
ことごとくこの人なんだよね…」。
そう呟いた絵本屋の店主が手にしていたのが、
「こみやゆう」さんの本だった。
翻訳家は決して前に出る存在ではないけれど、
根底に愛が流れる温かい絵本を日本の子どもたちに
紹介し続ける小宮さん。自宅で家庭文庫も開く。
その素顔は、大きな優しさと純粋な強さに満ちていた。

子どもの心に「愛」と「平和」を手渡す場所

「このよろこび」を目の前にいる「あの子」へ手渡したい

住宅街の開かれた玄関。近所の子どもたちが慣れた雰囲気で駆けこんでいる。ここは翻訳家の小宮由さんが開く「このあの文庫」。薫夫人の協力を得て、２００４年から毎週土曜日の午後、家庭文庫を開いている。当時は29歳。まだ自身の子どももおらず、年齢的にも早いと思ったが、薫さんが背中を押した。約８００冊の本と台所を半分使った空間から出発した小さな図書館は、15年経ち、蔵書３０００冊弱、会員数も約２５０人に増えた。２０１３年には、手狭になった文庫部屋を確保するために引っ越しをするほど、小宮家には最優先の存在になっている。

「よく『家庭文庫は大変ですね』と言われますが、一度もそう思ったことはありません。毎週土曜日に、玄関を開けっ放しにして看板を出す。すると、ある日突然、同じような価値観を持った人が来るかもしれないと思うと、ワクワクするんです。だって、確実にその人は本好きなわけだから」。もちろん相手が子どもだから、慣れてくれば勝手に寝室に入られたり、冷蔵庫を開けて牛乳を飲まれたり、多少困ることも起こる。でもそれは覚悟の上。それも含めて楽しいと小宮さんは笑う。

そもそも家庭文庫とは、図書館が

1_長男の回（うい）くんと次男の温（はる）くんたちは文庫のアイドル的存在。ここで我が子に絵本の読み聞かせも。贅沢!　2_文庫では各自で自由に読書をするだけでなく、小宮さんによる読み聞かせも。ソフトな語り口に、子どもたちも自然と絵本の世界に引き込まれて行く　3_取材の時はハロウィンだったので、こんな飾りも　4_小宮さんの翻訳本の帯を作ったり、学校の推薦図書に訳書が載っているのを嬉しそうに見せに来たりする子どもも。小宮さんはみんなに愛される「ちちうえ」だ。昔は実家の「竹とんぼ」の隣にも家庭文庫を開いていたという。約3,000冊の本に囲まれた空間は、ほのぼのとして居心地がいい

☎050-1106-9854　⏰14:00～17:00　毎週土曜日開館
HP http://konoano.tumblr.com　[e-mail]konoano_bunko@yahoo.co.jp
[備考]本は一人3冊まで2週間借りられる
[アクセス]JR阿佐ヶ谷駅より徒歩約13分（初めて訪問する場合はメールか電話で事前連絡すると所在地を案内してもらえる）

少なかった時代に、個人が自宅と蔵書を地域の子どもたちに開放した私設図書館。そのため、公共図書館が増えるに伴い、減少してきているが、小宮さんは今そこに、新たな存在意義を感じている。

「ひとつは人が集える場所を提供すること。今は近所付き合いが希薄になっていますが、ここを開放することで、いろんな人の顔が見えて、知り合える。だから半ばサロンに近いですが、お母さんも子どももゆっくり集える場所は、今だからこそ必要だと思います」。

小宮さんは、利用者一人一人の顔と名前と性格まで把握している。もちろん、自分で選ぶのが一番いいけれど、どうしても選べないという子には、「これはどう?」と少し背中を押してあげたり。中には、小宮さんに全幅の信頼を置いて、完全に選書を任せる母親もいるが、そんな時でも貸し出し履歴をチェックし、その子が前回の本をどんなふうに読んでいたかしっかり聞いて次の本を選んでいく。

「子どもにとって、学校でも塾でも学童でもない場所というのも必要だと思うんです。先生ではない大人と知り合いになる。それも親なしで、その子どもと一人の人間として付き合うのが大事。そうすることで、ここでしか見せない顔というか、本来の自分らしさを出せることもあると思うんです。子どもにとっては、ずっと同じ場所で同じ人がやっていて、大きくなっても行ける場所があるというのは、いいことかもしれません。だから、毎週開いていること、続けることが大事なんです」。

「このあの文庫」という少し変わった名前には、「このよろこび」を「あの子に」という意味がある。

「文庫は、半径500mくらいの子どもたちしか利用できないかもしれないけれど、一人でも二人でもとにかく確実に手渡して、本が好きになってもらえるように。日本中の子どもに…と考えると薄くなってしまうし、人ひとりにできることなんて限られている。だから僕は、自分の目の前にいる『あの子』に伝えていくだけなんです」。

どうしてそこまで、と思うほど、絵本と子どもへの愛が深い。その理由が翻訳家としての小宮由さんへのインタビューで見えてきた。

とにかくいい本をつくりたい!

小宮由さんの相手を安心させる柔らかな雰囲気は、いかにも優しいお父さん。実際、2児の父親でもある。それは読後にほっこり温かくなる自身が翻訳した絵本のイメージそのままだ。母方の祖父は徴兵を拒否し、戦後トルストイ文学の翻訳に情熱を捧げた北御門二郎氏。両親はともに出版社勤務を経て、彼が小学1年時に熊本で児童書専門店「竹とんぼ」を開業。さぞ教育熱心な家庭だったのだろうと思いきや、「幼い頃は『クマのプーさん』や『ナルニア国物語』などを寝る前に読んでもらったりしましたが、やはり自営業は忙しくて、親子でじっくり向き合うような時間はなかったですね」。両親は、読書を強要することも、漫画ばかり読むのをとがめることもなかったという。それでも、「良い本がいつも目につく場所にあったのは、恵まれた環境でした」と振り返る。

そんな小宮さんに転機が訪れたのは、大学生の時。思春期に離れた本の世界に帰って来た彼は、まず祖父の訳した本にのめり込み、『復活』から『アンナ・カレーニナ』、『戦争と平和』など、一気にトルストイ文学を読破した。そして再び「竹とんぼ」の棚の本を手に取った時、その素晴らしさにはたと気付き、なぜ両親が、あまり利益が出るわけでもない児童書の店をやり始めたのか、

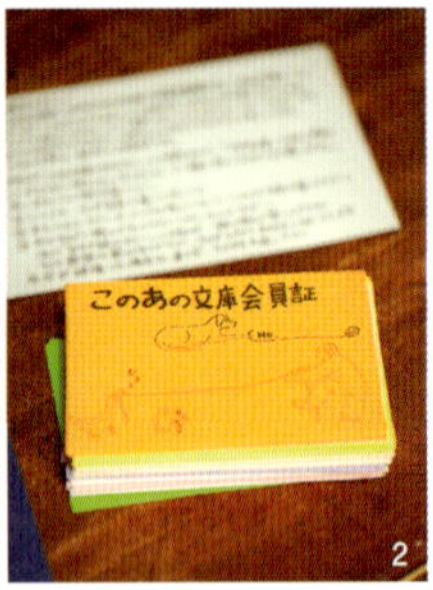

1_小学校裏手の住宅地にある自宅はコンクリート3階建てで、1階が文庫部屋。毎週土曜日の14時から17時まで、玄関の扉が開放される　2_会員になると一人3冊まで2週間無料で本を借りられる。入会の際には、子どもでもきちんと公約を読んで誓約書にサインさせ、会員証も手渡す。一人の人間として扱われることが子どもたちの自覚も生む　3_友達が大勢遊びに来たかのうような玄関。「文庫は必ず開いていることが重要」と、息子の学校行事などがあっても夫妻で協力し、休まないよう努めている

理由が分かったという。

「結局、両親は祖父のやってきたことを『子どもの本』という形で表現していたんです。それは、本当に子どもの心を豊かにし、世の中を平和にしたいという願い。そのために、こんな不器用な生き方をしているのだと気付きました」。ならば「自分は編集者として子どもの本をつくりたい」と、大学卒業後に児童書の版元に入社。まずは「『竹とんぼ』に置いてもらえる本をつくること」を目標に、営業の下積みを経て編集に携わり、フリーランスへ。

「今、一生かかっても出しきれないほど翻訳したい本があるのですが、もし私が出版社の社員で、企画を提案し、ボツになったら、それはもうずっと出せない。でも、フリーの身なら別の会社に持ち込めばいいので、自分のやりたい本を一生諦めないですみます。僕の場合は、編集であろうと翻訳であろうと仕事の内容は関係ない。とにかく、自分が『子どもたちに読んであげたい』と思う本を出せればいいんです」。ただ「いい本をつくりたい！」という思いでやってきたら、「いつの間にか翻訳家になっていた」と笑う小宮さんは、仕事は請負ではなく、自らやりたい本を版元に持ち込み翻訳を担当する形がほとんど。だから、「企画を提案して、それを会社に決裁してもらうまでが僕の仕事の7割。そこが一番苦労することで、あとの3割の翻訳は本当に楽しい作業」という。

「もちろん、言葉選びなどは悩みます。でも家庭文庫で毎週、本を読んだり触れ合ったりする中で、リアルに子どもを感じているのは翻訳する上で大きいです。注意している点は、日本語の多様性。すべてをやさしく平たい言葉にしてしまわないように心がけています」。

子どもの心に「平和」と「愛」を伝えるのが自分の使命

これまで数多くの翻訳本を出してきた小宮さんだが、その裏には断られた企画が倍以上あるという。「売れる本を出そうと思えばいくらでもできるけれど、僕が出したいのは全部地味で、どう転んでもドッカンドッカン売れる本にはならないんです（笑）」。そんな小宮さんの琴線に触れるのは、1920年頃から興ったアメリカ絵本黄金期の古い作品が多いという。それは具体的にどんな本なのだろう。

「大事なことは言葉にすると平たく安易になってしまいますが、本当に『楽しくて、面白い本』としか言えない。それは、小手先で面白がらせるのではなく、当たり前の日常の物語なんだけど、そこはもう『絶対的な平和』というか『肯定的な世界』なんです。『あなたはこの世に生まれてきて良かったんだよ』『この世はこんなに楽しいんだよ』ということが、言葉ではわからなくても、心の襞に少しずつ沈澱していく本です」。それは時に、「子どもの心を豊かにするもの」と表現されるが、小宮さんは「心が豊かになる」とは、「たくさんの絵本の主人公を心の中に住まわせることだ」と語る。

「絵本を読むことで様々な主人公になりきった子どもたちは、物語の中で苦しいこと、楽しいこと、悲しいこと、嬉しいこと、いろんな経験をし、ハッピーエンドで終わることで『この世の中は大丈夫だ』と確認する。その蓄積が、将来的に何か困難にぶつかって心がくじけそうになった時に、向かっていける勇気のもとになる。それは、心が強くなり、優しくもなるということなんだと思います」。

穏やかな中に確たる信念を抱く小宮さんの姿に、偉大なる祖父・北御門氏が一瞬重なって見える。彼が本を通して子どもたちに伝えたい究極の思いは、「愛」だ。「僕がこの仕事をする理由は、世の中から暴力と戦争をなくしたいから。祖父は生前、『歴史は確かに繰り返しているように見えるが、横から見れば、螺旋階段のように少しずつ良くなっている。だから、常に理想を見なさい』と言っていました。僕は、その螺旋階段を少しでも引き上げるような1本の棒になりたい。その理想に近づけるように、自分は子どもの本というものを糧にして生きるのだと、20代の頃から決めているんです」。

小宮 由（こみや ゆう）

翻訳家・編集者

1974年東京都生まれ。小学校から大学までを熊本で過ごし、大学卒業後は児童図書出版社に勤務。2001年にカナダへ留学し、帰国後、いくつかの出版社を経てフリーに。2004年からは東京・阿佐ヶ谷で家庭文庫「このあの文庫」を主宰する。主な訳書は『せかいいちおいしいスープ』『ジョニーのかたやきぱん』（以上、岩波書店）、『やさしい大おとこ』『おかあさんは、なにしてる?』（以上、徳間書店）など。祖父はトルストイ文学の翻訳家・北御門二郎氏。両親と兄夫妻は、熊本県西原村で児童書専門店「竹とんぼ」を経営している。

家庭文庫・図書館を巡る

ごたごた荘

［家庭文庫］

郊外の川沿いに建つのは、老舗のおもちゃの専門店「百町森」オーナー柿田さんの自宅。月に2度、家庭文庫を開き、絵本の読み聞かせやお話を行っている。あれだけ店で絵本を売っておきながら、自宅でもわざわざ家庭文庫とは、どれだけとことんな人なのか。「いや、好きで読んでいるものや、子どもに読んでいたもの、場合によっては店で売れ残ってしまった本など色々ですよ。数えたことないけど、2000冊以上はあるかな」と柿田さん。

「文庫がオープンしている時は図書室で本の貸し出しをし、屋根裏部屋でお話会をしています。時々庭でお茶を飲んだりもします。うちの子もすっかり大きくなってし

家庭文庫用に作られた部屋には、絵本や児童文学がズラリ。大工造作で作られた棚は高さが自由に変えられる

有名店主の家庭文庫

おもちゃと絵本の店として有名な「百町森」のオーナーであり、多数の著書を出している柿田さんの自宅にお邪魔した。

まったので、今は子育てが中心の生活ではないのですが、家庭文庫で家にやってくる子どもたちが喜ぶ場所は大体決まっています。まず屋根裏。こんなふうに低くて、狭いところが子どもはたまらなく好きなんです。何だか姿が丸ごと見えない場所が多いでしょ」。家の構造体の柱を生かして作られた棚には美しい木のおもちゃが飾られて、完全に塞がれていないため、採光は得ながらも、向こう側から丸見えにならず、妙に落ち着く。姿が隠れているのが好きなのは、大人も子どもも実は同じだ。

　室内の明かりはほぼ間接照明で、一般的な日本家屋にしては暗め。でもそれも朝と夜の違いを体に知らせる役目がある。「蛍光灯などで煌々と明るい部屋で過ごしていると夜眠れなくなってしまうんですよ。子どもは元気が一番！とか言って、家の中でも外と同じように飛んだり跳ねたりする遊具で遊ばせる人がいますが、家の中では落ち着いて過ごせるようにした方がいいですね。本を読む環境も静かで落ち着いた場所がいい。明かりや、ちょっと隠れられる場所を作ってあげるなど、自宅でも読書に没頭できる場所があるといいですね」。

1

2

3

1_階段の反対側はおもちゃのディスプレーコーナーに　2_子どもたちが大好きな屋根裏。大人だと立てないくらいの高さ。子どもには自分にピッタリなサイズ感というのが気持ちいいのかもしれない　3_店で昔使っていたというステンドグラスを廊下と図書室の間の壁にはめ込んでいる。ほのかに明かりが透けるのが美しい　4_薪ストーブは冬になると大活躍。「炎を見ると癒やされます。家族がおもしろがって、ついつい燃やし過ぎたりします」　5_昔の家から使っているという食器棚と古時計。家具を大切に長く使う　6_娘・洋子さんの部屋。スッキリとしていて、でも温かみがある　7_2階の廊下。階段は途中で左右に分かれて、一方は個室へ、一方は屋根裏へと続く

問い合わせは
百町森（TEL.054-251-8700）まで

4

5

6

7

誰もがピュアな心に戻れる ファンタジックな絵本の世界

家庭文庫・図書館を巡る

えほん村

［図書館］

小淵沢の自然豊かな森の中にある「えほん村」は、ともにアート大好きな造形作家TASABUROさんと絵本作家まつむらまさこ夫妻が開いた絵本専門図書館。林の中にガーデンとアートハウス、多目的ホールの2棟からなる村は最初に受付をして村人になれば一日中自由に出入りすることができる。

まるで表紙をめくるように館の扉を開くと、そこにあるのは　もはや図書館ではなく、「絵本の世界」そのものだ。自身の作品をはじめ、まさこさんやスタッフが選んだ国内外の絵本が並ぶ空間では、ゆったりとした時間が過ぎていく。

対面に配した表情豊かな絵本たちは、誰の手にも取りやすく、子どもだけでなく大人の心の根っこにも、たくさんのメッセージを投げかける。

絵本の主人公たちが迎えてくれる

1_ガーデンを抜け黒と白、赤を基調とした農家風の建物へ、絵本の形をした扉を開け入館受付をすませれば、そこはもう絵本の世界アートハウスだ。約3500冊の蔵書の中から季節などによって選ばれた絵本が対面式で並ぶ　2_ボタンを押すと人形が動き出す世界唯一のマリオネットのミニシアターもある　3_静かな森の中に広がる「えほん村」。様々な場所で来訪者を迎えてくれるユニークな木造アートは、すべて太三郎さんの作品　4_2Fは屋根裏の隠れ部屋のような絵本図書「絵本ライブ」やマリオネットによる「人形劇」を開催。絵本や童話の中のような空間の様々な場所で来訪者を迎えてくれる木の造形に心がなごむ　5_1Fには絵本カフェ・コーナーがあり、オリジナルの妖精や動物のイスがあり子どもだけではなく大人もゆっくり過ごせる。　6_1Fアートショップではオリジナルグッズも販売、えほん村工房で作られた楽しい気の造形物にあえる　7_えほん館長・絵本作家・画家のまつむらまさこさん

山梨県北杜市小淵沢町上笹尾3332-426
0551-36-3139　5月～10月水曜休(8月無休)
11月~4月火・水・木曜休(冬期休館1、2月)
開館10:00~ 17:00(最終受付16:00)
30台大2台　金額500円(2歳未満無料)
http://ehonmura.jp/

ファンタジックなアートハウス1階図書室は、大人向けの絵本が揃う。妖精のイスやテーブル、不思議の国のアリスに出てくるトランプのテーブル、絵本を開けば、時が経つのも忘れてしまいそうだ。アートギャラリ－のスペースでは絵本原画や企画展を開催。

2階に行くと絵本と子どもの広場的な楽しめる空間が広がっている。ここでは「絵本ライブ」や「人形劇」も開催される。さながら絵本のテーマパークのようでおもしろい。「０～１００の子どものこころへ」絵本の文化をもっと広めたい。

夫妻がドイツでの絵本修業を経て、１９８３年、蔵書約３００冊を一般開放したことから始まった村には、最近は3世代家族の来訪者が増えているという。「同じ1冊の本でも、幼い頃に読み聞かせてもらった時と、自分で読めるようになった時、親として自分が子どもに読む立場になった時など、感じ方、とらえ方が変わってくる。それが絵本の楽しみなんです」。

老朽化して壊した元ストーリー館の跡地にはハーブを中心にしたガーデンが出来上がり、ガーデンでも本を読むことができるようになった。「妖精と仲良く絵本を開いてほしい」と絵本作家のまさこさん。えほん村の世界観は絵本の純粋な面白さと奥深さを教えてくる。

家庭文庫・図書館を巡る

どんぐり小屋

［家庭文庫］

週に1度、自宅の一角を開放 子どもがぶらりとやってくる

目の前の公園に子どもたちが集まり始める頃、「家庭文庫どんぐり小屋」がオープンする。無垢木を生かした高い吹き抜けの玄関フロアに、びっしりと、約3000冊にも及ぶ絵本や児童書が並ぶ。この家庭文庫を主宰しているのは、3児の母でもある久原幸子さん。3度の転勤後、縁あって、この愛知県清須市に家を建てた。その自宅の一部を毎週木曜日だけ開放している。取材したのも木曜日。15時をすぎるとスタッフ数人がちらほら現れ、それからしばらくすると、「こんにちは〜」と慣れた様子で小学生が入ってきた。靴を脱いで玄関を上がると、迷わず本棚へ向かう。勝手なイメージで、家庭文庫は親が小さな子を連れて行くもの、なんて思っていたので、小学校の高学年にもなりそうな男の子を見て、少し驚いた。ここには面白い本がたくさんあるから来ている、そう彼の顔に書いてある。本には年齢の目安別にマークがつけてある。「私自身は別に何歳でその本を読んでもいいと思っているのですが、文庫に来た最初のうちは本を探すひとつの目安になるかなと思ってつけているんです」と久原さん。一対一の関係を大事にしているため、その子がこの前借りて行った本のことや、好きなものなども把握して、必要に応じて相談にものるという。本棚を新鮮にしておくために、新しい本を入れることは重要。そのための新刊チェックもおこたらない。「もう棚がいっぱいで。除架作業がとても難しいです」。家庭文庫はボランティア以上だ。採算性で言えばもちろん合うはずもなく、知識もいる。久原さんが家庭文庫を続けているのは昔、自分自身が本に助けられた経験があるからだ。

「誰かにいじめられたり、辛いことがあった時、本に逃げることができます。本を読んでいる間は没頭できるし、本の中には色んな人間が出てきます。大人にも良い人も悪い人もいる。色んな考え方をする子どももいる。いい本には『人はどう生きるか』のヒントがたくさんある。大切なのは、子どもも大人も幸せになること。本は、その選択肢の一つです。親子で一緒に、絵本や児童書を楽しんで欲しいです。9歳までは、読んであげて欲しい。読める本と楽しめる本の開きがありますから。子どもをよく見て、肌を触れ合って、読んであげてください」

自分の読書カードを慣れた様子で探し出す子どもたち。年会費はわずか100円。1人5冊まで借りることができるシステムだ

愛知県清須市土田3-17-8　☎ 052-409-7830
営 木曜15:30〜17:30（おはなし会は16:30〜17:00）
休 木曜以外休み
HP http://blogs.yahoo.co.jp/ehonippai

家庭文庫・図書館を巡る

公益財団法人
東京子ども図書館
［図書館］

子どもが人生のはじめにいい本と出合えるように

家庭文庫からはじまった子どもの本と読書のための私立図書館。レンガ造りの建物はやさしい雰囲気と書物のにおいが漂う。「〇〇さん、こんにちは」「いらっしゃい〇〇ちゃん」と名前を呼び合い来館する子どもたちの姿も。「あのお話、面白かったよ」「またこのお話して」。穏やかな声が漏れ聞こえる。すべては子どもが人生のはじめに楽しく本と出合い、幸せな読書体験を重ねていくために。「おはなしのじかん」や「おばあさんのいす」など子ども向けの催しだけでなく、保護者や図書館員、書店員などの大人へ向けた活動も積極的に行う稀有な図書館だ。

1_煉瓦造りの建物にグリーンが映える落ち着いた佇まいの外観　2_靴をぬいで「おはなしのへや」へ。ろうそくが灯ると「おはなしのじかん」がはじまる　3_地下の資料室には子どもの本や読書に関する書籍が集められている

東京都中野区江原町1-19-10
☎ 03-3565-7711　㊡ 児童室 火曜・水曜・金曜 13:00～17:00　土曜 10:30～17:00
休 日曜・月曜・木曜・祝日
P なし　HP http://www.tcl.or.jp

家庭文庫・図書館を巡る

国立国会図書館 国際子ども図書館

［図書館］

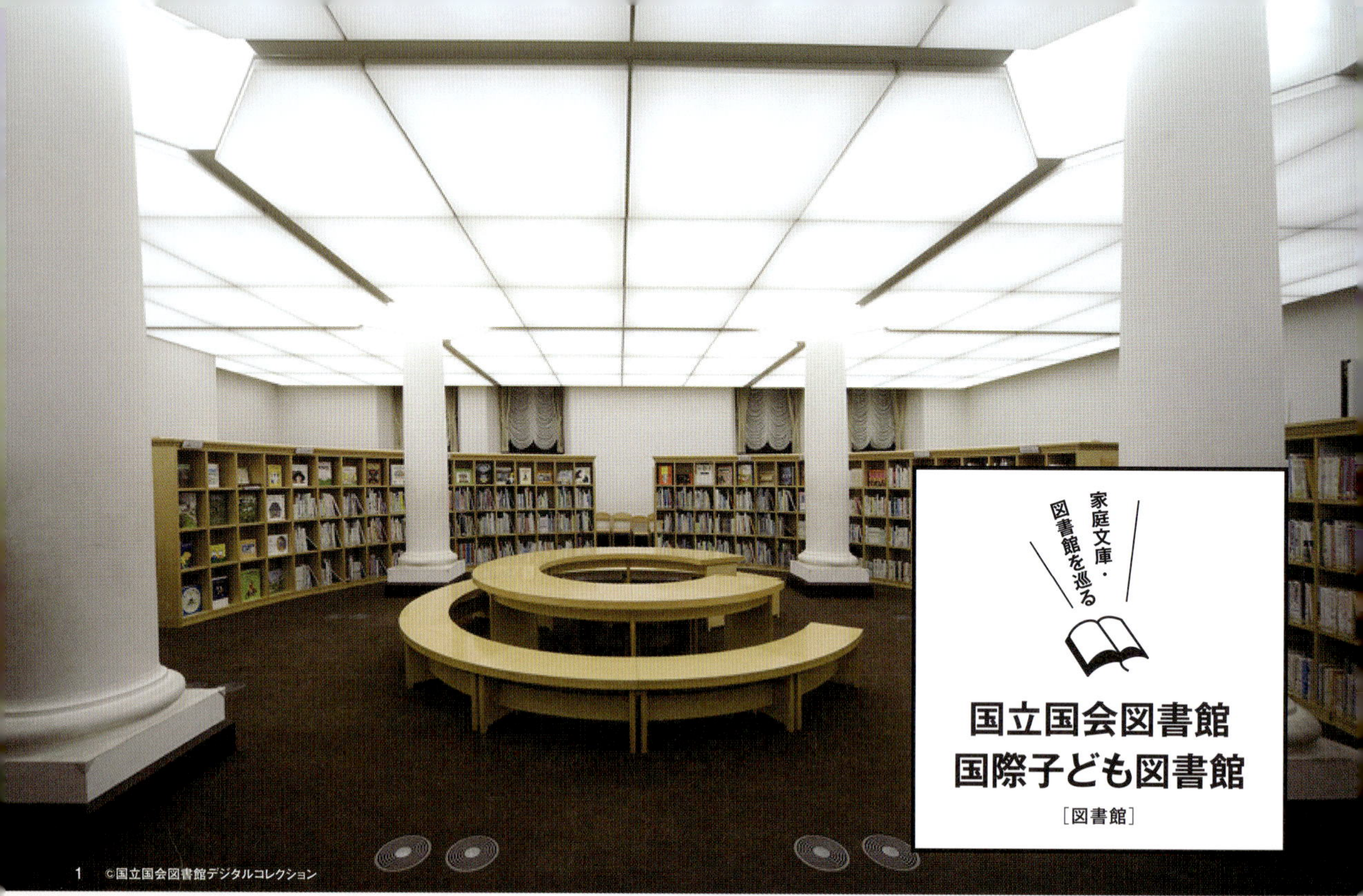

1　©国立国会図書館デジタルコレクション

3

2　©国立国会図書館デジタルコレク

1_子どもの本約9,000冊を擁する子どものへや」。円形本棚の内側には、絵本と読み物を配置、外側には知識の本が並ぶ。そのほか、「虫」「乗り物」などのコーナーや、乳幼児向けのスペースも設けている。影ができない光天井で、どこで本を開いても安心　2_「世界を知るへや」は世界の国・地域の子どもの本をとおして国際理解を深められる　3_館内はバリアフリー設計でエレベーター完備だが、ぜひ大階段を上ってみては

東京都台東区上野公園12-49
☎ 03-3827-2053 9:30-17:00　✉ 9:30〜17:30
休 月曜日、国民の祝日・休日（5/5こどもの日は開館）、毎月第3水曜日、年末年（12/28-1/4※2019年〜2020年は12/27-1/6）　P なし
HP http://www.kodomo.go.jp/index.html

児童書の専門図書館

上野公園の北端に建つ「国立国会図書館 国際子ども図書館」は、その名称と重厚な外観から堅苦しい印象を覚えるが、実は誰でも無料で利用できる穴場スポットだ。

例えば、1階の「子どものへや」は絵本などの児童書を約9000冊収容。中に入れば本に囲まれているような気分になる円形の本棚には、主に長く読み継がれている絵本が並ぶ。また、隣の「世界を知るへや」には、世界の国や地域の地理、歴史、文化を紹介する本などが約2000冊ある集。さらに、ストーリーテリングや読み聞かせをする「おはなし会」など、子どもたちに本の世界の扉を開く企画もある。

本の貸し出しはしないので、館内各部屋で読書したり、調べたりできるだけだが、「子どものへや」は大声でなければ読み聞かせも大丈夫。ちょっとしたカフェや持参の弁当が食べられるテラス席もあるほか、乳幼児連れにうれしい多目的トイレや授乳スペースも完備しているので、知っていると何かと便利だ。このほか、展示会が行われる「本のミュージアム」、「児童書研究資料室」、「調べものの部屋」などがある。

1_一人静かに絵本に向き合いたいときのために仕切られたスペースもある　2_ちょうど読み聞かせが開かれていた。ここは靴を脱いであがる小さな子のためのコーナー　3_いすとテーブルがカラフルで明るい雰囲気のライブラリー

富山県射水市鳥取50
☎ 0766-52-6780　営 9:30～17:30
休 月曜（祝日の場合翌日）　月1回資料整理日、年末年始（12/28～1/4）
P 60台　HP http://www.ehonkan.or.jp

2

1

3

家庭文庫・図書館を巡る

射水市大島絵本館

［図書館］

読む、つくる、あそぶ絵本のテーマパーク

広がる田園風景の中に浮かぶ、巨大な近未来的建築物。核となるライブラリーには、国内外の絵本約1万冊を配架。「むかしむかし」「いきもの」「こよみ」などテーマ別に分類され、どんな本が読みたいかによって子どもが自分で本を探せるようになっている。原画展も定期的に開催されていて、作家本人がやってくるイベントが楽しみだ。

額縁のような窓の並ぶ廊下をたどっていくと、ワークショップルームにたどり着く。飛び出す絵本づくりなど工作系や、CGを使った創作体験が手軽にできる。階下にはシアターがあって、絵本を映画のように上映したり、演劇や演奏会などが開かれることもある。

開館したのは、市町合併前の旧大島町の時。子どもを大切にし、人を育てる町にしたいと、地域の昔話を収集して絵本化するなど「絵本の町」を掲げた。同館は今も、手づくり絵本のコンクールを毎年主催。全国から心温まる作品が数多く寄せられ、愛好家同士の交流も広がっている。

「いろんな絵本に触れて、親子でゆったりとした時間を過ごしてほしい。大人向けのグッとくる絵本もあります！」。

大小バラバラ。これでいいのだ。

絵本と本棚の関係

整理整頓好きな母親目線で言えば、正直、絵本のサイズはバラバラで困る。反面、子どもや本好き目線で言えば最高。絵本ほど本のサイズや形が自由に許されている本はない。本の形も作者の表現方法の1つ。縦長だったり、メチャクチャ小さかったり、箱入りだったり、大きかったり、紙も分厚かったり、仕掛け絵本を除いても、こんなにもバリエーションの存在が許されている書籍はない。だから電子書籍にも合わない訳だ。よく「絵本の表紙を見せて並べられる本棚がほしい」なんてことを聞くけれど、インテリアにもなって、なおかつ子どもにも選びやすく、日常に本が溶け込むのだからいいことだ。さらに絵本が好きになってくると、結構、冊数が増えてくるもの。絵本をスッキリ片付けられて、なおかつ飾れたりもして、なんならちょっとした共有スペースに置いても恥ずかしくない、お洒落で機能的な絵本棚も欲しくなる。本そのものが本棚選びまで左右する、そんな絵本が羨ましい。

1　3

01 ユニークでお洒落な家具を発表している広松木工。子ども時代を謳歌しつつ、大人的にもいいデザイン。W600、900、1200の3タイプ×D280×H900／パイン材「WFハウスシェルフ」（広松木工）
http://hiromatsu.org

02 ディスプレイ棚を組み替えるとオープンラックに変身するひのきの絵本棚。角丸で3段目の棚板はランドセルも置けるサイズ。全8色。W900×D330×H915「ひのきのえほんだな」(ヒノキクラフト)
http://hinokicraft.jp/

03 無垢材ヒノキの節あり材を使った背板のないカラーボックス。虫に強くて消臭効果があって軽いのがいい。A4が入るサイズ。W370×D275×H700。ネット限定品ひのき節BOX［オープン］（ヒノキクラフト）http://hinokicraft.jp/

2

3

ここがいいと買いたくなる。

見返しフェチ

本好きは中身だけでなく、紙質や見返しにも目が行くもの。それは「本」になった時の形も含めて好きだから。そういう意味で絵本ほど見返しを見るのが楽しい本はない。見返しというのは、表紙をめくって次にくる本編の前にある面のこと。言いかえれば、別にあってもなくてもいいところ。見返しがなくたって製品としてまったく問題なく、物語そのものに何の影響もない。でも絵本の場合はちょっと話が違う。この見返し部分が単なる飾りじゃない場合も。物語のキーワードとなるような絵が印刷され、始まりと終わりのように意味があるものだったり、時にはちょっとだけ何か違う絵が隠されていたり、テキスタイルのように完成されたデザインとしてパターンが並んでいたり、まるで第二の表紙のように、本編を縁取る役目がある場合がある。採算性だけで言えば、この見返しを作るだけ、余分にお金がかかる話。でも、それを押して、ここに力を注ぐ心意気。見返しだけで買うことはないけれど、見返しがいいと最後の一押しになる時がある。それに、ここがいい作品はアタリが多いから。今日もまた買ってしまった…。

1

2

3

01 「ちいさなおうち」
文・絵:バージニア・リー・バートン
訳:石井桃子
(岩波書店)

02 「パパ、お月さまとって!」
作:エリック・カール　訳:もり ひさし
(偕成社)

03 「きょうのごはん」
作:加藤休ミ　(偕成社)

04 「オオカミがとぶひ」
作:ミロコマチコ　(イースト・プレス)

05 「トラのじゅうたんになりたかったトラ」
文・絵:ジェラルド・ローズ　訳:ふしみみさを
(岩波書店)

06 「ピーターラビットのおはなし」
作・絵:ビクトリア・ポター　訳:いしい ももこ
(福音館書店)

07 「エルマーのぼうけん」
作:ルース・スタイルス・ガネット
絵:ルース・クリスマン・ガネット
訳:渡辺茂雄　(福音館書店)

4

5

6

7

［編　集］momo編集部
［デザイン］山本弥生

読みたい絵本

2019年 4月21日　第1刷発行
2019年10月31日　第2刷発行

発 行 人　山下有子

発　　行　有限会社マイルスタッフ
〒420-0865 静岡県静岡市葵区東草深町22-5 2F
TEL:054-248-4202

発　　売　株式会社インプレス
〒101-0051 東京都千代田区神田神保町一丁目105番地

印刷・製本　株式会社シナノパブリッシングプレス

乱丁本・落丁本のお取り換えに関するお問い合わせ先
インプレス　カスタマーセンター
TEL:03-6837-5016　FAX:03-6837-5023
service@impress.co.jp（受付時間／10:00～12:00、13:00～17:30 土日、祝日を除く）
乱丁本・落丁本はお手数ですがインプレスカスタマーセンターまでお送りください。
送料弊社負担にてお取り替えさせていただきます。
但し、古書店で購入されたものについてはお取り替えできません。

書店／販売店の注文受付
インプレス　受注センター　TEL:048-449-8040　FAX:048-449-8041
株式会社インプレス　出版営業部　TEL:03-6837-4635

 ISBN978-4-295-40287-9　C0076